kochen & genießen

Backen für Advent und Weihnachten

W0296742

MOEWIG

GELINGT IMMER!
GARANTIE
Alle Rezepte 3 Mal getestet

„Gelingt immer!" steht auf dem Garantiesiegel des Buchcovers. Dieser Qualitätsanspruch ist uns wichtig, damit bei Ihnen zu Hause auch wirklich alles reibungslos klappt. **Dafür wird jedes Rezept von unserer Redaktion mehrfach getestet.** Ernährungswissenschaftler kochen und backen die Rezepte in unserer Versuchsküche nach. Die Foodstylisten verwenden für die Fotos nur echte Lebensmittel, damit alles natürlich ist und auch so aussieht. Nur, wenn die Rezepte perfekt gelingen, veröffentlichen wir sie. Dafür steht unser Siegel.

Moewig ist ein Imprint der Edel Germany GmbH

www.moewig.de | www.edel.com
1. Auflage 2014

Redaktion kochen & genießen:
Chefredakteur: Klaus Heitkamp
Konzeption und Text: Stefanie Clausen
Redaktion: Angela Berger, Kathrin Schmuck
Schlussredaktion: Dörte Petersen-Freynhagen

Grafisches Konzept & Layout:
Marion Müller, mal3 Büro für Mediengesign

Fotos: Food & Foto, Hamburg
S.168: deco & style (2);
S.42, 105, 118, 143, 184:DeVice@Fotolia.de;
S.13, 24, 39, 80, 99, 139, 181:Cmon@Fotolia.de;
S.21, 56, 66, 86, 103, 149, 159, 172: Arpad Nagy-Bagoly@Fotolia.de;
S.17, 30, 40, 64, 113, 151, 178: Andrzeij Tokarski@Fotolia.de

Druck & Bindung:
optimal media GmbH, Glienholzweg 7, 17207 Röbel / Müritz

Printed in Germany
ISBN 978-3-86803-555-1

Alle Jahre wieder …

freuen wir uns auf die schöne Vorweihnachtszeit. Denn dann wird die Küche zur Backstube, in der wir kneten und rühren, rollen und formen, ausstechen und verzieren. Und spätestens, wenn's überall im Haus herrlich nach Anis und Zimt, Lebkuchen und Pfeffernüssen duftet, wissen alle: Es weihnachtet sehr.
In diesem Buch haben wir für Sie die besten Backrezepte für Advent und Weihnachten zusammengestellt. Angefangen von saftigen Stollen bis hin zu knusperzarten Plätzchen aus Mürbeteig, die auf der Zunge zergehen. Natürlich sind auch Klassiker wie Kipferl, Bethmännchen und Schwarz-Weiß-Gebäck dabei. Für die Advents-Sonntage und Weihnachten werden besonders festliche Torten gebacken. Und sollten kleine oder große Leckermäuler den bunten Teller mal überraschend leer genascht haben – macht nichts!
Mit unseren schnellen Plätzchenrezepten sorgen Sie im Handumdrehen für süßen Nachschub.
Gut zu wissen: Alle Rezepte sind ganz einfach nachzubacken und gelingen garantiert. Denn sie wurden in der Versuchsküche von kochen & genießen mehrfach erprobt und sind alle Schritt für Schritt erklärt.

Wir wünschen Ihnen viel Spaß beim Nachbacken und gutes Gelingen.

Ihre Redaktion
kochen & genießen

Für die fröhliche Weihnachtsbäckerei

Von Anis bis zum Zuckerguss: Mit den richtigen Zutaten und Zubehör zaubern Sie Plätzchen, Stollen & Co. im Handumdrehen

Die Kleinen sind stolz, wenn sie beim Plätzchenbacken mithelfen dürfen: Am meisten Spaß bringt ihnen das Verzieren – und das Naschen

So geht alles schön auf

HALTBARE TROCKEN- und **FRISCHE BÄCKERHEFE** im Würfel sind für Stollen, Weckmänner und Panettone unverzichtbar. Für fett- und zuckerreiche Teigarten wie Rührteig ist **BACKPULVER** am besten geeignet.
Bei Honig- und Lebkuchenteig sorgen **POTTASCHE** und **HIRSCHHORNSALZ** dafür, dass der Teig schön locker wird. Beides wird vor dem Unterkneten in etwas Flüssigkeit aufgelöst. Mit Pottasche (Kaliumcarbonat) muss ein Teig einige Zeit ruhen. Hirschhornsalz lässt ihn erst in der Hitze des Backofens aufgehen.

Backofen: Das sollten Sie wissen

Je länger der Ofen an ist, desto heißer wird er auch. Also Achtung: Die letzten Plätzchen-Bleche brauchen nicht mehr so lange. Dasselbe gilt von vornherein für alle Öfen, die sehr stark heizen.

Wer mit Umluft backt, schafft mehrere Bleche mit Keksen auf einmal. Nach der Hälfte der Zeit die Bleche um 180° drehen, damit alles gleichmäßig bräunt. Vorheizen ist nicht erforderlich.

Hohe Formen (Gugelhupf) gehören auf den Rost in eine der unteren Einschubleisten (s. Hersteller). Flache Böden, Kleingebäck und Plätzchen in die Mitte.

Nougat und Marzipan sind Rohmassen, die als Basis für süße Füllungen und Überzüge dienen

Die wichtigsten Backzutaten

Meist sind sie gehaltvoll, aber unwiderstehlich lecker. In der Weihnachtsbäckerei darf Folgendes nicht fehlen:

NUSSNOUGAT besteht aus gemahlenen Haselnüssen, Zucker und Kakao. Für Konfekt, Füllungen, Garnituren und als Teigzusatz. Wenn man es erwärmt, kann man damit auch Plätzchen überziehen.

MARZIPAN-ROHMASSE wird aus gemahlenen Mandeln und bis zu 35% Zucker hergestellt. Mit Puderzucker verknetet und mit Rosenwasser aromatisiert kann man z. B. Bethmännchen (s. S. 61) oder Sterne daraus formen.

ORANGEAT und **ZITRONAT (Sukkade)** darf in Lebkuchen und Stollen nicht fehlen. Zitronat ist die kandierte Schale der Zedrat-Zitrone. Orangeat wird aus der Schale von Pomeranzen (Bitterorangen) hergestellt. Im Stück (als halbe Schale) ideal für Deko oder gewürfelt zum Backen.

KUVERTÜRE gibt's in Zartbitter, Vollmilch und Weiß. Sie schmilzt besser als Schokolade, weil sie mehr Kakaobutter enthält. Man bekommt sie in Blöcken oder Tafeln und als Chips, die man nicht hacken muss. Sie wird im heißen Wasserbad oder in der Mikrowelle geschmolzen.

NÜSSE UND MANDELN gibt's mit oder ohne Schale, Haselnüsse und Mandeln auch gehäutet. Praktisch sind Nüsse gemahlen, gehobelt, gehackt und gestiftelt.

PISTAZIENKERNE (ganz, gehackt oder fein gemahlen) sind leuchtend grün, super zum Backen und Verzieren.

Das A und O für leckere Plätzchen und saftige Kuchen: Pistazien, Mandelkerne und Co.

Nützliche Backhelfer

KASTEN-, SPRING- und **GUGELHUPF-FORM, TEIGSCHABER** und **PINSEL** gehören auch in der Weihnachtsbäckerei zur Grundausstattung. Eine **STOLLEN-BACKHAUBE** hilft Ungeübten beim Teigformen. Ein **STOLLENRING** verhindert, dass der Teig beim Backen auseinanderläuft. **PLÄTZCHENAUSSTECHER** aus Edelstahl oder Weißblech gibt es in einfachen Formen (Herz, Stern, Mond etc.), als Winter- (Wichtel, Schneemann) oder Tiermotive (Eisbär, Rentier). Mit **SPRITZBEUTELN** mit verschiedenen Tüllen oder Einmal-Spritzbeuteln können Sie Ihr Weihnachtsgebäck mit Sahne, Zuckerguss oder Kuvertüre dekorieren.

Plätzchen liebevoll verzieren

Selbst einfache Mürbeteigplätzchen werden durchs Styling zu wahren Schmuckstücken: Die Kleinen lieben's kunterbunt, z. B. mit Schokolinsen, die Großen auch mal edel in Pastelltönen.

ZUCKERGUSS muss zum Bestreichen dünn sein. 250 g Puderzucker mit 4–5 EL Wasser, Zitronensaft oder Likör verrühren. Zum Spritzen reichen 2–3 EL. Evtl. etwas Speisefarbe einrühren.

GEBÄCKSCHMUCK bringt Farbe und eine individuelle Note auf Kekse und Kuchen. Zuckerperlen & Co. einfach in den feuchten Zuckerguss drücken. Mindestens 1 Stunde trocknen lassen.

Weihnachtliche Gewürze

Mit ihren feinen Aromen sorgen sie dafür, dass es im Haus so wunderbar weihnachtlich duftet:

ANIS Die gemahlenen Samen der am Mittelmeer wachsenden Anispflanze schmecken süßlich-herb.

INGWER kommt überwiegend aus Indien. Die getrockneten Wurzeln werden zu scharfem Pulver gemahlen.

KARDAMOM Die feurig-süßen Samen sind Bestandteil von Lebkuchen- und Pfefferkuchen-Gewürzen.

KORIANDER kommt vom östlichen Mittelmeer. Seine kugeligen Samen liefern ein süß-aromatisches Pulver.

LEBKUCHENGEWÜRZ ist eine aromatische Mischung. Sie brauchen keine Einzelgewürze und ersparen sich Reste.

MUSKAT/MUSKATBLÜTE kommt z. B. von den Molukken und Antillen. Die Nüsse (gibt's gemahlen oder ganz) schmecken würzig-bitter, die Blüten (auch Macis genannt) milder.

NELKEN sind eines der ältesten Gewürze der Welt. Man verwendet die getrockneten, süß-scharfen Blütenknospen einer ostasiatischen Myrtenart.

PFEFFERKUCHEN-GEWÜRZ Der Klassiker besteht aus 8 Gewürzen. Sie bekommen die Tütchen, z. B. von Staesz, in Apotheke und Reformhaus.

PIMENT (Mexiko, Indien) wird auch „Viergewürz“ genannt, weil es nach Nelken, Muskat, Pfeffer und Zimt gleichzeitig schmeckt.

STERNANIS wird im Ganzen (z. B. für Punsch) oder gemahlen (im Lebkuchen-Gewürz) verwendet.

VANILLE ist die Frucht einer Kletterorchidee. Das Mark der Schote hat ein sehr feines, süßes Aroma.

ZIMT ist die getrocknete Innenrinde des Zimtbaumes. Gibt's als Stangen (z. B. für Punsch) oder gemahlen für Gebäck oder Cremes. Feinste Qualität kommt aus Ceylon. Kassia-Zimt (China) ist herber.

Zarte Zitronenplätzchen

ZUTATEN FÜR CA. 40 STÜCK

- 250 g + etwas Mehl
- 60 g + 250 g Puderzucker
- Salz
- 125 g kalte Butter
- 1 Ei (Gr. M)
- 2–4 EL Zitronensaft
- rote Speisefarbe
- Zuckerperlen und -blümchen
- Backpapier

1 250 g Mehl, 60 g Puderzucker, 1 Prise Salz, Butter in Stückchen und Ei erst mit den Knethaken des Handrührgerätes, dann kurz mit den Händen glatt verkneten. Zugedeckt ca. 30 Minuten kalt stellen.

2 Auf etwas Mehl ca. ½ cm dick ausrollen. Kreise etc. (6 cm Ø) ausstechen. Auf 2 mit Backpapier belegte Backbleche legen. Im vorgeheizten Backofen (E-Herd: 200 °C/Umluft: 175 °C/Gas: Stufe 3) ca. 10 Minuten backen. Auskühlen lassen.

3 250 g Puderzucker und Saft verrühren, die Hälfte Guss rosa färben. Die Kekse damit bestreichen. Mit Perlen und Blümchen verzieren. Trocknen lassen. Mit Rest Guss verzieren.

ZUBEREITUNGSZEIT ca. 1 Std.
KÜHLZEIT ca. 30 Min.
BACKZEIT PRO BLECH ca. 10 Min.
AUSKÜHL-/TROCKENZEIT ca. 2 Std.
STÜCK ca. 90 kcal
1 g E · 3 g F · 13 g KH

Zarte Plätzchen aus Mürbeteig

Erst goldgelb gebacken, dann liebevoll verziert – von diesen leckeren Mürbeteig-Keksen bleibt garantiert kein Krümel übrig

Omas Butterplätzchen

ZUTATEN FÜR CA. 60 STÜCK

- 300 g + etwas Mehl
- 100 g Zucker
- abgeriebene Schale von ½ Bio-Zitrone
- Salz
- 200 g kalte Butter
- 1 Ei + 1 Eigelb (Gr. M)
- 30 Mandelkerne (ohne Haut)
- 1 EL Milch
- Backpapier

1 300 g Mehl, Zucker, Zitronenschale, 1 Prise Salz, Butter in Stückchen und 1 Ei erst mit den Knethaken, dann kurz mit den Händen glatt verkneten. Zugedeckt ca. 30 Minuten kalt stellen.

2 Mandeln längs halbieren. Teig auf wenig Mehl ca. ½ cm dick ausrollen. Sterne, Herzen etc. ausstechen. Auf 2 mit Backpapier belegte Bleche legen.

3 Eigelb und Milch verquirlen. Kekse damit bestreichen. Je 1 Mandelhälfte daraufsetzen. Im vorgeheizten Backofen (E-Herd: 200 °C/Umluft: 175 °C/Gas: Stufe 3) ca. 10 Minuten backen.

ZUBEREITUNGSZEIT ca. 1 Std.
KÜHLZEIT ca. 30 Min.
BACKZEIT PRO BLECH ca. 10 Min.
STÜCK ca. 50 kcal
1 g E · 3 g F · 5 g KH

Kalt verarbeiten

Mürbeteig mag es gern kalt. Stellen Sie deshalb Eier und Fett vorher in den Kühlschrank. Den Teig zum Schluss mit kühlen Händen (evtl. unter kaltes Wasser halten) und dann auch so kurz wie nötig kneten. Ideal ist übrigens eine Arbeitsfläche oder ein Brett aus Marmor.

Ist der Teig zu brüchig, 1–2 EL eiskaltes Wasser zufügen. Dann in Folie mind. 30 Minuten kalt stellen.

Kokos-Schnecken

ZUTATEN FÜR CA. 35 STÜCK

- 200 g Mehl
- 2 leicht gehäufte EL (25 g) Kakao
- ½ TL Backpulver
- 150 g + 60 g Zucker
- Salz
- 1 Ei (Gr. M)
- 125 g kalte + 60 g weiche Butter
- 100 g Doppelrahm-Frischkäse
- 1 Päckchen Vanillin-Zucker
- 75 g Kokosraspel
- 50 g gehackte Haselnüsse
- Frischhaltefolie
- Backpapier

1 Mehl, Kakao, Backpulver, 150 g Zucker und 1 Prise Salz mischen. Ei und 125 g kalte Butter in Stückchen zufügen. Erst mit den Knethaken des Handrührgerätes, dann kurz mit den Händen glatt verkneten. Zugedeckt ca. 2 Stunden kalt stellen.

2 60 g weiche Butter, Frischkäse, 60 g Zucker, Vanillin-Zucker, Kokosraspel und Haselnüsse verrühren. Den Teig zwischen 2 Lagen Folie zur Platte (ca. 20 x 35 cm) ausrollen. Käsecreme daraufstreichen und von der Längsseite her aufrollen. In Folie wickeln. Ca. 12 Stunden, am besten über Nacht, kalt stellen.

3 Teigrolle in ca. 1 cm dicke Scheiben schneiden und auf 2 mit Backpapier belegte Backbleche legen. Im vorgeheizten Backofen (E-Herd: 200 °C/Umluft: 175 °C/Gas: Stufe 3) 10–15 Minuten backen. Auskühlen lassen.

ZUBEREITUNGSZEIT ca. 45 Min.
KÜHLZEIT ca. 14 Std.
BACKZEIT PRO BLECH 10–15 Min.
STÜCK ca. 130 kcal
2 g E · 8 g F · 11 g KH

Extra-Tipp

Das sind Kekse zum Sofortessen, denn durch den Frischkäse in der Füllung sind sie nur ca. 1 Woche haltbar. Sie lassen sich aber auch prima einfrieren.

Dunkle Terrassen-Sterne

ZUTATEN FÜR CA. 30 STÜCK

- 350 g + etwas Mehl
- 25 g Kakao
- 75 g Zucker
- 2 Päckchen Vanillin-Zucker
- Salz
- 250 g weiche Butter
- 150 g Crème fraîche
- je 2 Beutel (à 125 g) Kuchenglasur „Haselnuss" und „Dunkel"
- Backpapier
- 2 kleine Gefrierbeutel

1 350 g Mehl, Kakao, Zucker, Vanillin-Zucker, 1 Prise Salz, Butter in Flöckchen und Crème fraîche erst mit den Knethaken des Handrührgerätes, dann kurz mit den Händen glatt verkneten. Zugedeckt ca. 1 Stunde kalt stellen.

2 Teig auf wenig Mehl ca. 4 mm dick ausrollen. 30 große (6 cm Ø) und 30 kleine Sterne (3,5 cm Ø) ausstechen. Auf 2 mit Backpapier ausgelegte Bleche legen. Im vorgeheizten Backofen (E-Herd: 175 °C/Umluft: 150 °C/Gas: Stufe 2) ca. 15 Minuten backen. Auskühlen lassen.

3 Glasuren in den Beuteln ca. 10 Minuten im heißen Wasserbad (s. auch Packungsanweisung) schmelzen. In je eine Schüssel füllen. Sterne mit Haselnuss- bzw. dunkler Glasur bestreichen. Kleine auf große Sterne setzen. Rest Glasur in Gefrierbeutel füllen, 1 kleine Ecke abschneiden. Die Sterne verzieren. Trocknen lassen.

ZUBEREITUNGSZEIT ca. 1 Std.
KÜHLZEIT ca. 1 Std.
BACKZEIT PRO BLECH ca. 15 Min.
AUSKÜHLZEIT ca. 1 Std.
STÜCK ca. 190 kcal
2 g E · 12 g F · 16 g KH

Knusprige Friesen-Ecken

ZUTATEN FÜR CA. 75 STÜCK

- 250 g + etwas Mehl
- 80–100 g Zucker
- 3 Päckchen Bourbon-Vanillezucker
- Salz
- 1 Ei + 1 Eiweiß (Gr. M)
- 125 g weiche Butter
- 100 g Hagelzucker
- Frischhaltefolie
- Backpapier

1 250 g Mehl, Zucker, 1 Päckchen Vanillezucker und 1 Prise Salz auf eine Arbeitsfläche geben. In die Mitte eine Mulde drücken. 1 Ei hineingeben, Butter in Flöckchen am Rand verteilen und alles kurz mit den Händen zum glatten Teig verkneten. Auf etwas Mehl zu 3 Rollen (à 25 cm), dann evtl. mithilfe eines Lineals zu Dreiecken formen. In Folie wickeln und ca. 45 Minuten kalt stellen.

2 2 Päckchen Vanillezucker und Hagelzucker mischen. Eiweiß verquirlen. Rollen damit bestreichen und in Hagelzucker wenden. In je ca. 25 Scheiben schneiden. Auf 2 mit Backpapier ausgelegte Backbleche legen. Im vorgeheizten Backofen (E-Herd: 175 °C/Umluft: 150 °C/Gas: Stufe 2) ca. 15 Minuten backen.

ZUBEREITUNGSZEIT ca. 25 Min.
KÜHLZEIT ca. 45 Min.
BACKZEIT PRO BLECH ca. 15 Min.
STÜCK ca. 40 kcal
0 g E · 2 g F · 6 g KH

Orangen-Brezeln

ZUTATEN FÜR CA. 64 STÜCK

- 200 g weiche Butter/Margarine
- 100 g + 100 g Puderzucker
- Salz
- abgeriebene Schale und Saft von 1 Bio-Orange
- 1 Eigelb (Gr. M)
- 300 g + etwas Mehl
- Frischhaltefolie • Backpapier

1 Fett, 100 g Puderzucker, 1 Prise Salz und Hälfte Orangenschale cremig rühren. Eigelb unterrühren und 300 g Mehl darunterkneten. Auf etwas Mehl zu 4 Rollen (à ca. 40 cm; 2 cm Ø) formen. Jede Rolle in Folie wickeln und ca. 2 Stunden kalt stellen.

2 Die Rollen in ca. 2,5 cm dicke Scheiben schneiden. Diese jeweils zu Strängen (ca. 18 cm) rollen und zu Brezeln formen. Auf 2–3 mit Backpapier ausgelegte Bleche legen. Im vorgeheizten Backofen (E-Herd: 175 °C/Umluft: 150 °C/Gas: Stufe 2) ca. 15 Minuten backen. Auskühlen lassen.

3 100 g Puderzucker mit 3 EL Orangensaft verrühren. Die Brezeln damit bestreichen, mit Rest Orangenschale bestreuen. Trocknen lassen.

ZUBEREITUNGSZEIT ca. 1 Std.
KÜHLZEIT ca. 2 Std.
BACKZEIT PRO BLECH ca. 15 Min.
AUSKÜHLZEIT ca. 45 Min.
STÜCK ca. 60 kcal
1 g E · 3 g F · 8 g KH

Zitronen-Blüten

ZUTATEN FÜR CA. 50 STÜCK

- 250 g + etwas Mehl
- 50 g gemahlene Mandeln
- 1 gehäufter EL (15 g) Kakao
- 125 g Zucker • Salz
- 150 g kalte Butter/Margarine
- 1 Ei (Gr. M)
- 250 g Puderzucker
- 5–7 EL Zitronensaft
- einige Tropfen gelbe Speisefarbe und evtl. Gold-Zuckerperlen zum Verzieren
- Backpapier

1 250 g Mehl, Mandeln, Kakao, Zucker, 1 Prise Salz, Fett in Stückchen und Ei erst mit den Knethaken des Handrührgerätes und dann kurz mit den Händen glatt verkneten. Zugedeckt ca. 1 Stunde kalt stellen.

2 Teig auf wenig Mehl ca. 4 mm dick ausrollen. Blüten (ca. 6 cm Ø) ausstechen und auf 2 mit Backpapier ausgelegte Bleche legen. Im vorgeheizten Backofen (E-Herd: 175 °C/Umluft: 150 °C/Gas: Stufe 2) ca. 15 Minuten backen. Auskühlen lassen.

3 Puderzucker und Saft verrühren. Mit Speisefarbe leicht einfärben. Kekse damit bestreichen, mit Perlen verzieren. Trocknen lassen.

ZUBEREITUNGSZEIT ca. 1 Std.
KÜHLZEIT ca. 1 Std.
BACKZEIT PRO BLECH ca. 15 Min.
AUSKÜHLZEIT ca. 1 Std.
STÜCK ca. 80 kcal
1 g E · 3 g F · 11 g KH

Gut zu wissen

Wer nur ein Backblech hat: Plätzchen auf mehrere Stücke Backpapier (in Blechgröße) legen, bei Bedarf dann auf das freie Blech ziehen.

Wenn Sie Mürbeteig mit Puderzucker statt mit Zucker zubereiten, werden die Plätzchen besonders zart.

Puderzuckerguss bleibt länger streichfähig, wenn Sie eine Prise Backpulver unterrühren.

Nougat-Gewürzplätzchen

ZUTATEN FÜR CA. 15 STÜCK

- 175 g + etwas Mehl
- 50 g Zucker
- Salz
- ½ TL Lebkuchen-Gewürz
- 125 g kalte Butter
- 2 Eigelb (Gr. M)
- 3–4 EL Hagelzucker
- 100 g Nussnougat (schnittfest)
- je ca. 25 g weiße und Zartbitter-Schokolade
- Backpapier

1 175 g Mehl, Zucker, 1 Prise Salz, Gewürz, Butter in Stückchen und 1 Eigelb erst mit den Knethaken des Handrührgerätes, dann kurz mit den Händen glatt verkneten. Zugedeckt ca. 30 Minuten kalt stellen.

2 Teig auf wenig Mehl ca. 5 mm dick ausrollen, ca. 30 Blüten (ca. 5 cm Ø) ausstechen. Die Hälfte in der Mitte rund (2 cm Ø) ausstechen. Kekse auf 2 mit Backpapier ausgelegte Bleche legen.

3 1 Eigelb verquirlen. Gelochte Blüten damit bestreichen, mit Hagelzucker bestreuen. Im vorgeheizten Backofen (E-Herd: 175 °C/Umluft: 150 °C/Gas: Stufe 2) ca. 12 Minuten backen. Auskühlen lassen.

4 Nougat würfeln, im heißen Wasserbad schmelzen. Auskühlen lassen. Etwas Nougat auf die ganzen Kekse streichen. Gelochte Kekse daraufsetzen, Rest Nougat in die Mitte füllen. Weiße und dunkle Schokolade reiben, Keksränder damit bestreuen. Evtl. mit Schoko-Mandeln (s. Tipp) verzieren.

ZUBEREITUNGSZEIT ca. 1 Std.
KÜHLZEIT ca. 30 Min.
BACKZEIT PRO BLECH ca. 12 Min.
AUSKÜHLZEIT ca. 1 Std.
STÜCK ca. 180 kcal
2 g E · 10 g F · 18 g KH

Verzier-Tipp

Wenn's extraschön werden soll: die Plätzchen mit Schokomandeln verzieren. Dazu Mandeln in etwas geschmolzene Kuvertüre (hell oder dunkel) tauchen, trocknen lassen und in die Mitte der Kekse setzen.

Mürbchen mit Erdbeer-Füllung

ZUTATEN FÜR CA. 25 STÜCK

- 300 g + etwas Mehl
- ½ TL Backpulver
- 75 g Zucker
- 100 g kalte Butter/Margarine
- 2 Eier (Gr. M)
- 6 EL Milch
- abgeriebene Schale von ½ Bio-Zitrone
- 150 g Erdbeer-Konfitüre
- Puderzucker zum Bestäuben
- Backpapier

1 300 g Mehl, Backpulver, Zucker, Fett in Stückchen, Eier, Milch und Zitronenschale erst mit den Knethaken des Handrührgerätes, dann kurz mit den Händen zu einem glatten Teig verkneten. Zugedeckt ca. 30 Minuten kalt stellen.

2 Teig auf leicht bemehlter Arbeitsfläche zu einem Rechteck (ca. 20 x 40 cm) ausrollen und in ca. 50 Quadrate (4 x 4 cm) schneiden.

3 Die Hälfte der Quadrate mit Konfitüre bestreichen. Übrige darauflegen und an den Rändern leicht andrücken.

4 Plätzchen auf ein mit Backpapier ausgelegtes Backblech legen. Im vorgeheizten Backofen (E-Herd: 200 °C/Umluft: 175 °C/Gas: Stufe 3) ca. 15 Minuten goldbraun backen. Auskühlen lassen. Mit Puderzucker bestäuben.

ZUBEREITUNGSZEIT ca. 30 Min.
KÜHLZEIT ca. 30 Min.
BACKZEIT ca. 15 Min.
STÜCK ca. 110 kcal
2 g E · 4 g F · 15 g KH

Kirsch-Kuppeltorte mit Amaretto

ZUTATEN FÜR CA. 16 STÜCKE

- 50 g + 200 g Marzipan-Rohmasse
- 100 g weiche Butter/Margarine
- 100 g + 3 TL Zucker • Salz
- 3 Eier (Gr. M)
- 150 g Mehl • 1 gestr. TL Backpulver
- 25 g gemahlene Mandeln • 3 EL Milch
- 1 Glas (720 ml) Kirschen
- 2½ geh. EL (35 g) Speisestärke
- 6 Blatt weiße Gelatine
- 125 g Amarettini
- 3 EL Amaretto-Likör
- 750 g Schlagsahne • 50 g Puderzucker
- Zimt und geh. Pistazien zum Verzieren
- Backpapier • Frischhaltefolie

1 Springform (26 cm Ø) am Boden mit Backpapier auslegen. 50 g Marzipan grob raspeln. Mit Fett, 100 g Zucker und 1 Prise Salz cremig rühren. Eier einzeln unterrühren. Mehl, Backpulver und Mandeln mischen, im Wechsel mit der Milch unterrühren. In die Form streichen. Im vorgeheizten Backofen (E-Herd: 175 °C/ Umluft: 150 °C/Gas: Stufe 2) ca. 25 Minuten backen. Auskühlen lassen.

2 Kirschen abgießen, Saft auffangen. 6 EL Saft und Stärke verrühren. Rest Saft aufkochen. Stärke einrühren, kurz aufkochen. Kirschen, bis auf ca. 16, unterheben. Etwas abkühlen lassen. Auf den Boden streichen, auskühlen lassen.

3 Gelatine einweichen. Amarettini, bis auf ca. 16, zerbröseln, mit Likör beträufeln. Sahne und 3 TL Zucker steif schlagen. Gelatine bei milder Hitze auflösen. 4 EL Sahne einrühren, unter Rest Sahne heben. Brösel unterheben. Kuppelartig auf die Torte und etwas an den Rand streichen. Ca. 4 Stunden kalt stellen.

4 200 g Marzipan raspeln, mit Puderzucker verkneten. Zu 2 Rollen (je ca. 15 cm) formen. Je zwischen Folie zum Streifen (ca. 5 x 38 cm) ausrollen, Ränder gerade schneiden. An den Tortenrand drücken. Aus Rest Marzipan 1 Stern ausstechen, auf die Torte legen. Verzieren.

ZUBEREITUNGSZEIT ca. 1 Std.
BACKZEIT ca. 25 Min.
AUSKÜHL-/KÜHLZEIT ca. 6 Std.
STÜCK ca. 480 kcal
6 g E · 27 g F · 49 g KH

*lässt sich prima einfrieren

Himmlische Weihnachtstorten

Sie suchen etwas Besonderes für die Festtage? Mit diesen Prachtstücken kommen Sie zu Weihnachten ganz groß raus!

Schokoladen-Trüffel-Torte

ZUTATEN FÜR CA. 24 STÜCKE

- 650 g Schlagsahne
- 400 g Edelbitter-Schokolade (70 % Kakao)
- Fett für die Form
- 250 g Zartbitter-Kuvertüre
- 250 g + 400 g weiche Butter
- 1 EL Kaffeepulver (Instant)
- 200 g Mehl
- 2 leicht gehäufte TL Backpulver
- 250 g Zucker
- 1 Päckchen Vanillin-Zucker • Salz
- 2 gehäufte EL (30 g) Kakao
- 4 Eier (Gr. M)
- 100 g Crème fraîche
- 75 g Puderzucker
- Kakao zum Bestäuben

1 Sahne aufkochen und vom Herd ziehen. Schokolade in Stücke brechen und unter Rühren darin schmelzen. Auskühlen lassen, über Nacht kalt stellen.

2 Springform (ca. 26 cm Ø) am Boden fetten. Kuvertüre fein hacken, 250 g Butter würfeln. Beides mit 150 ml Wasser und Kaffeepulver bei schwacher bis mittlerer Hitze unter Rühren schmelzen. Ca. 15 Minuten lauwarm abkühlen lassen.

3 Mehl, Backpulver, Zucker, Vanillin-Zucker, Salz und Kakao mischen. Eier und Crème fraîche kurz verrühren. Kuvertüre- und Eimasse im Wechsel kurz unter das Mehlgemisch rühren. Dabei nur so lange rühren, bis alles vermischt ist. In die Form gießen. Im vorgeheizten Backofen (E-Herd: 175 °C/Umluft: 150 °C/Gas: Stufe 2) ca. 1 Stunde backen. Auskühlen lassen.

4 Tortenboden 1x halbieren. 400 g Butter und Puderzucker ca. 3 Minuten cremig rühren. Die kalte Schokosahne löffelweise schnell unterrühren. Aufhören, wenn alles untergerührt ist. ⅔ Creme zum Verzieren ca. 10 Minuten kalt stellen. 1. Hälfte der übrigen Creme auf 1. Boden streichen. 2. Boden daraufsetzen. Torte mit 2. Hälfte der Creme einstreichen.

5 Kalt gestellte Creme in einen Spritzbeutel (große Lochtülle) füllen und Tupfen auf die Torte spritzen. Mind. 2 Stunden kalt stellen. Kurz vor dem Servieren dick mit Kakao bestäuben.

ZUBEREITUNGSZEIT ca. 1¾ Std.
KÜHL-/AUSKÜHLZEIT ca. 15 Std.
BACKZEIT ca. 1 Std.
STÜCK ca. 560 kcal
6 g E · 43 g F · 33 g KH

* *lässt sich prima einfrieren*

Mandarinen-Spekulatius-Torte

ZUTATEN FÜR CA. 16 STÜCKE

- 50 g + 50 g Mandel-Spekulatius
- 3 Eier (Gr. M)
- Salz
- 100 g Zucker
- 125 g Mehl
- 1 gestrichener TL Backpulver
- 6 Blatt weiße Gelatine
- 2 Dosen (à 314 ml) Mandarinen
- 700 g + 200 g Schlagsahne
- 2 Päckchen Vanillin-Zucker
- 100 ml Orangenlikör
- 100 g Haselnuss-Krokant
- 6 EL Mandelblättchen
- Puderzucker zum Bestäuben
- Backpapier

1 Springform (26 cm Ø) am Boden mit Backpapier auslegen. 50 g Kekse zerbröseln. Eier trennen. Eiweiß, 3 EL kaltes Wasser und 1 Prise Salz steif schlagen, Zucker dabei einrieseln. Eigelb einzeln darunterschlagen. Mehl und Backpulver daraufsieben, mit den Keksbröseln unterheben. In die Form streichen. Im vorgeheizten Backofen (E-Herd: 175 °C/Umluft: 150 °C/Gas: Stufe 2) ca. 20 Minuten backen. Auskühlen lassen.

2 Gelatine kalt einweichen. Mandarinen abtropfen lassen. 700 g Sahne steif schlagen, Vanillin-Zucker dabei einrieseln lassen. Likör erwärmen (nicht kochen!). Gelatine ausdrücken, darin auflösen. 2 EL Sahne einrühren, dann unter die übrige Sahne heben. Mandarinen, bis auf einige zum Verzieren, und die Hälfte Krokant unterheben.

3 Biskuit waagerecht halbieren. Einen Tortenring um den unteren Boden schließen. Mandarinen-Sahne daraufstreichen. 2. Boden darauflegen. Ca. 6 Stunden kalt stellen.

4 Mandeln ohne Fett rösten, auskühlen lassen. 200 g Sahne steif schlagen. Torte damit einstreichen. 50 g Kekse diagonal halbieren. Torte mit Keksen, den übrigen Mandarinen, Rest Krokant, Mandeln und Puderzucker verzieren.

ZUBEREITUNGSZEIT ca. 1 Std.
BACKZEIT ca. 20 Min.
AUSKÜHL-/KÜHLZEIT ca. 7 Std.
STÜCK ca. 380 kcal
6 g E · 23 g F · 30 g KH

* *lässt sich ohne Deko prima einfrieren*

Baisertorte mit Punschpflaumen

ZUTATEN FÜR CA. 16 STÜCKE

- Fett für die Form
- 3 Eier (Gr. M)
- 100 g weiche Butter/Margarine
- 100 g + 100 g + 2 EL Zucker
- 2 Päckchen Vanillin-Zucker
- Salz • 125 g Mehl
- 2 gestrichene TL Backpulver
- 2 EL Milch
- 1 Glas (720 ml) Pflaumen
- 100 ml Portwein
- je 1 Msp. Zimt und gemahlene Nelken
- 2½ gehäufte EL (35 g) Speisestärke
- 500 g Schlagsahne
- 2 Päckchen Sahnefestiger
- ca. 8 Butterwaffeln (ca. 80 g)
- Puderzucker zum Bestäuben

1 Springform (26 cm Ø) fetten. 2 Eier trennen. Fett, 100 g Zucker, 1 Päckchen Vanillin-Zucker und 1 Prise Salz cremig rühren. 1 Ei und 2 Eigelb einzeln unterrühren. Mehl und Backpulver mischen und im Wechsel mit der Milch kurz unterrühren. In die Form streichen.

2 Eiweiß und 1 Prise Salz steif schlagen, dabei 100 g Zucker einrieseln. Locker auf den Teig streichen, am Rand 2 cm frei lassen. Im vorgeheizten Backofen (E-Herd: 175 °C/Umluft: 150 °C/Gas: Stufe 2) ca. 25 Minuten backen. Auskühlen lassen.

3 Pflaumen (bis auf 4 Stück) mit Saft, Portwein, 2 EL Zucker und Gewürzen ca. 10 Minuten offen köcheln. Stärke und 6 EL Wasser verrühren. In die Pflaumen rühren, ca. 1 Minute köcheln. Ca. 30 Minuten abkühlen lassen. Auf den Tortenboden streichen. 1 Stunde kalt stellen.

4 Sahne steif schlagen, dabei Sahnefestiger und 1 Päckchen Vanillin-Zucker einrieseln. ¾ Sahne auf die Pflaumen streichen. Rest Sahne in ca. 8 großen Tuffs auf die Torte spritzen. Ca. 1 Stunde kalt stellen. Vorm Servieren Rest Pflaumen halbieren. Torte mit Waffeln, Pflaumen und Puderzucker verzieren.

ZUBEREITUNGSZEIT ca. 40 Min.
BACKZEIT ca. 25 Min.
AUSKÜHL-/KÜHLZEIT ca. 3 Std.
STÜCK ca. 330 kcal
4 g E · 17 g F · 35 g KH

Extra-Tipps

Statt Zimt und Nelken können Sie auch 1 Beutel Glühweingewürz mit den Pflaumen mitkochen.

Wenn Sie keine Butterwaffeln bekommen, nehmen Sie einfach zarte Kekse oder Röllchen.

Cassata-Kuppeltorte

ZUTATEN FÜR CA. 16 STÜCKE

- Fett für die Form • 100 g Spekulatius
- 125 g weiche Butter/Margarine
- 100 g + 1 TL Zucker
- 3 Päckchen Vanillin-Zucker • Salz
- 3 Eier (Gr. M)
- 175 g Mehl • 2 gehäufte TL Backpulver
- 1 kg Schlagsahne
- 120 g Edelbitter-Sahne-Schokolade
- 100 g Walnusskerne
- 60 g Pistazienkerne
- 80 g rote Belegkirschen
- 2 Päckchen Sahnefestiger

1 Springform (26 cm Ø) fetten. Spekulatius grob zerbröseln. Fett, 100 g Zucker, 1 Päckchen Vanillin-Zucker und 1 Prise Salz cremig rühren. Eier einzeln unterrühren. Mehl und Backpulver mischen, im Wechsel mit 5 EL Sahne unterrühren. Spekulatius unterheben. In die Form streichen. Im vorgeheizten Backofen (E-Herd: 175 °C/Umluft: 150 °C/Gas: Stufe 2) 20–25 Minuten backen. Auskühlen.

2 Schokolade, Nüsse und Pistazien getrennt grob hacken. ⅙ Pistazien und je ¼ Schokolade und Nüsse zum Verzieren beiseite legen. Ca. 3 Kirschen halbieren, Rest fein würfeln. Tortenboden 1x so durchschneiden, dass oben 1 dünner und unten 1 dickerer Boden entsteht.

3 600 g Sahne steif schlagen, dabei Sahnefestiger und 2 Päckchen Vanillin-Zucker einrieseln. Masse halbieren. Unter eine Hälfte gehackte Schokolade und Nüsse, unter die andere Hälfte gehackte Kirschen und Pistazien heben.

4 Schokosahne kuppelartig auf den unteren Boden streichen. Dünnen Boden kuppelartig darauf andrücken. Kirschsahne kuppelartig daraufstreichen. Ca. 1 Stunde kalt stellen.

5 Rest Sahne und 1 TL Zucker steif schlagen. Torte mit knapp ½ Sahne einstreichen. Rest Sahne in Spritzbeutel mit kleiner Sterntülle füllen, Tortenrand damit verzieren. Torte mit Rest Schokolade, Nüssen, Pistazien und Kirschen verzieren.

ZUBEREITUNGSZEIT ca. 1½ Std.
BACKZEIT 20–25 Min.
AUSKÜHL-/KÜHLZEIT ca. 2 Std.
STÜCK ca. 520 kcal
7 g E · 39 g F · 31 g KH

✱ lässt sich prima einfrieren

Schokotorte mit Eierlikör-Sahne

ZUTATEN FÜR CA. 16 STÜCKE

- etwas + 30 g Butter
- etwas + 50 g Mehl
- 50 g + 150 g Zartbitter-Kuvertüre
- 3 Eier (Gr. M) • Salz
- 125 g Zucker
- 3 Päckchen Vanillin-Zucker
- 50 g Speisestärke
- 2 leicht gehäufte EL (20 g) Kakao
- 2 leicht gehäufte TL Backpulver
- 6 Blatt weiße Gelatine
- 300 ml Eierlikör
- 400 g + 150 g Schlagsahne
- 25 g weißes Plattenfett (z. B. Palmin)
- 25 g weiße Kuvertüre
- 1 kleiner Gefrierbeutel
- 1 Holzstäbchen

1 Springform (26 cm Ø) am Boden fetten, mit Mehl ausstäuben. 50 g Zartbitter-Kuvertüre hacken, mit 30 g Butter im Wasserbad schmelzen. Abkühlen.

2 Eier trennen. Eiweiß, 3 EL kaltes Wasser und 1 Prise Salz steif schlagen, dabei Zucker und 1 Vanillin-Zucker einrieseln lassen. Eigelb einzeln darunterschlagen. Geschmolzene Kuvertüre kurz darunterziehen. 50 g Mehl, Stärke, Kakao und Backpulver mischen, auf die Eimasse sieben, unterheben. In die Form streichen. Im vorgeheizten Backofen (E-Herd: 175 °C/Umluft: 150 °C/Gas: Stufe 2) ca. 30 Minuten backen. Auskühlen lassen.

3 Gelatine kalt einweichen. Ausdrücken und bei schwacher Hitze auflösen. Likör löffelweise einrühren. Ca. 25 Minuten kalt stellen, bis er zu gelieren beginnt. 400 g Sahne und 2 Päckchen Vanillin-Zucker steif schlagen. Unter den Likör heben.

4 Biskuit waagerecht halbieren. ⅔ Likörsahne auf unteren Boden streichen. 2. Boden darauflegen. Tortenrand mit Rest Likörsahne einstreichen. Mind. 5 Stunden oder über Nacht kalt stellen.

5 150 g Sahne erhitzen (nicht kochen!). 150 g Zartbitter-Kuvertüre hacken. Mit Plattenfett in der Sahne unter Rühren schmelzen. Ca. 30 Minuten abkühlen, dann ca. 30 Minuten kalt stellen, bis sie zähflüssig ist.

6 Weiße Kuvertüre hacken, im heißen Wasserbad schmelzen. Dunklen Schokoguss auf die Torte streichen. Weiße Kuvertüre in den Gefrierbeutel füllen, eine kleine Ecke abschneiden. Kuvertüre in Streifen auf die Torte spritzen und quer dazu mit einem Holzstäbchen im Wechsel von rechts und links durchziehen. Ca. 2 Stunden kalt stellen.

ZUBEREITUNGSZEIT ca. 1½ Std.
BACKZEIT ca. 30 Min.
AUSKÜHL-/KÜHLZEIT mind. 9½ Std.
STÜCK ca. 360 kcal
5 g E · 21 g F · 28 g KH

* *lässt sich prima einfrieren*

Schneeflöckchen-Torte mit Mandeln

ZUTATEN FÜR CA. 16 STÜCKE

- Fett und Mehl für die Form
- 400 g Marzipan-Rohmasse
- 7 Eier (Gr. M)
- Salz
- 3 Blatt weiße Gelatine
- 250 g Mascarpone (ital. Frischkäse)
- 500 g Magerquark
- 75 g Zucker
- 1 Päckchen Vanillin-Zucker
- abgeriebene Schale von 1 Bio-Zitrone
- 200 g + 200 g Schlagsahne
- 3–4 EL Mandelblättchen
- 75 g fertige Baiserschalen
- Puderzucker zum Bestäuben
- evtl. Zuckersternchen, Silber- und Goldperlen zum Verzieren

1 Springform (26 cm Ø) fetten, mit Mehl ausstäuben. Marzipan grob raspeln, mit 2 Eiern und 1 Prise Salz mit den Schneebesen des Handrührgerätes verrühren. 5 Eier einzeln unterrühren, dann ca. 15 Minuten cremig schlagen. In die Form streichen. Im vorgeheizten Backofen (E-Herd: 175 °C/Umluft: 150 °C/Gas: Stufe 2) ca. 45 Minuten backen (nach ca. 30 Minuten abdecken). Auskühlen.

2 Gelatine kalt einweichen. Mascarpone, Quark, Zucker, Vanillin-Zucker und Zitronenschale kurz verrühren. 200 g Sahne steif schlagen. Gelatine ausdrücken, bei schwacher Hitze auflösen. 3 EL Quarkcreme einrühren, dann unter die übrige Creme rühren. Sahne unterheben. Ca. 20 Minuten kalt stellen, bis sie zu gelieren beginnt. Kuppelartig auf den Boden streichen. Ca. 3 Stunden kalt stellen.

3 Mandeln ohne Fett rösten, auskühlen lassen. Baiser grob zerbröckeln. 200 g Sahne steif schlagen. Torte damit einstreichen. Mit Mandeln, Baiser, Puderzucker, Sternchen und Perlen verzieren.

ZUBEREITUNGSZEIT ca. 1 Std.
BACKZEIT ca. 45 Min.
AUSKÜHL-/KÜHLZEIT ca. 5 Std.
STÜCK ca. 380 kcal
12 g E · 26 g F · 21 g KH

* *lässt sich prima einfrieren*

Winterapfel-Torte

ZUTATEN FÜR CA. 16 STÜCKE

- Fett für die Form • 3 Eier (Gr. M)
- 80 g weiche Butter/Margarine
- 80 g + 50 g + 75 g Zucker
- 2 Päckchen Vanillin-Zucker
- 100 g Mehl
- 1 gestrichener TL Backpulver
- 3–4 EL Milch • 100 g Puderzucker
- 500 g säuerliche Äpfel
- Saft von 1 Zitrone • 175 ml Apfelsaft
- 1 Päckchen Dessert-Soßenpulver „Vanille" (zum Kochen; für ½ l Milch)
- 6 Blatt weiße Gelatine
- 300 g Vollmilch-Joghurt
- 250 g Mascarpone (ital. Frischkäse)
- 5 EL Apfellikör (z. B. „Winterapfel")
- 250 g Schlagsahne • 1–2 EL Zimt
- evtl. Minze, Baby-Äpfel, Sternanis und Zimtstange zum Verzieren

1 Springform (26 cm Ø) fetten. 2 Eier trennen. Fett, 80 g Zucker und 1 Päckchen Vanillin-Zucker cremig rühren. 2 Eigelb und 1 Ei einzeln unterrühren. Mehl und Backpulver mischen, im Wechsel mit der Milch kurz unterrühren. In die Form streichen.

2 2 Eiweiß steif schlagen, Puderzucker dabei einrieseln. Auf den Teig in die Form streichen. Im vorgeheizten Backofen (E-Herd: 175 °C/Umluft: 150 °C/Gas: Stufe 2) ca. 25 Minuten backen. Auskühlen lassen.

3 Äpfel schälen, entkernen und würfeln. Mit 50 g Zucker, Zitronen- und Apfelsaft ca. 3 Minuten köcheln. Soßenpulver und 2 EL Wasser verrühren. Ins Kompott rühren, kurz aufkochen. Auskühlen.

4 Gelatine kalt einweichen. Joghurt, Mascarpone, 1 Päckchen Vanillin-Zucker und 75 g Zucker kurz verrühren. Gelatine ausdrücken, bei milder Hitze auflösen. Likör einrühren, dann unter die Joghurtcreme rühren. Kalt stellen, bis sie zu gelieren beginnt (ca. 10 Minuten). Sahne steif schlagen. Erst Kompott, dann Sahne unter die Creme heben.

5 Formrand um den Boden schließen. Creme daraufstreichen. Torte 4–5 Stunden kalt stellen. Evtl. ein Dekorgitter oder Papierstreifen auf die Torte legen, mit Zimt bestäuben, Gitter bzw. Papier entfernen. Torte verzieren.

ZUBEREITUNGSZEIT ca. 1 Std.
BACKZEIT ca. 25 Min.
KÜHLZEIT 5–6 Std.
STÜCK ca. 330 kcal
5 g E · 18 g F · 33 g KH

* *lässt sich prima einfrieren*

Nougat-Preiselbeer-Torte

ZUTATEN FÜR CA. 16 STÜCKE

- 250 g + 250 g + 200 g Schlagsahne
- 200 g Nussnougat (schnittfest)
- 50 g Zartbitter-Kuvertüre
- 4 Eier (Gr. M) • Salz
- 50 g Zucker
- 125 g Mehl
- 75 g Speisestärke
- 1 leicht gehäufter TL Backpulver
- 2 Gläser (à 400 g) angedickte Wild-Preiselbeeren
- 1 Päckchen Sahnefestiger
- 1 Päckchen Vanillin-Zucker
- 1 Päckchen klarer Tortenguss
- 100 g Mandelblättchen
- evtl. hauchdünne Schokoladentäfelchen und Kakao zum Verzieren
- Backpapier

1 250 g Sahne aufkochen. Nougat würfeln und Kuvertüre hacken. Sahne vom Herd ziehen. Nougat und Kuvertüre darin unter Rühren schmelzen. Auskühlen lassen und ca. 2 Stunden kalt stellen.

2 Springform (26 cm Ø; ca. 8 cm hoch) am Boden mit Backpapier auslegen. Eier trennen. Eiweiß, 4 EL kaltes Wasser und 1 Prise Salz steif schlagen, dabei Zucker einrieseln. Eigelb einzeln darunterschlagen. Mehl, Stärke und Backpulver daraufsieben, unterheben. In die Form streichen. Im vorgeheizten Backofen (E-Herd: 175 °C/Umluft: 150 °C/Gas: Stufe 2) ca. 25 Minuten backen. Auskühlen.

3 Biskuit 2x waagerecht durchschneiden. Den Formrand um 1. Boden legen. 1 Glas Preiselbeeren daraufstreichen. 2. Boden darauflegen. Die Nougatsahne cremig aufschlagen. Auf 2. Boden streichen. 250 g Sahne steif schlagen, dabei Sahnefestiger und Vanillin-Zucker einrieseln. Auf die Nougatcreme streichen. 3. Boden darauflegen.

4 Gusspulver und 5 EL (50 ml) Wasser verrühren. 1 Glas Preiselbeeren einrühren und unter Rühren kurz aufkochen. Etwas abkühlen lassen. Auf der Torte verteilen. Ca. 3 Stunden kalt stellen.

5 Mandeln ohne Fett rösten, auskühlen lassen. 200 g Sahne steif schlagen. Tortenrand mit etwas Sahne einstreichen. Torte mit Mandeln, Sahnetuffs, halbierten Schoko-Täfelchen und Kakao verzieren.

ZUBEREITUNGSZEIT ca. 1 Std.
KÜHL-/AUSKÜHLZEIT ca. 6 Std.
BACKZEIT ca. 25 Min.
STÜCK ca. 460 kcal
7 g E · 23 g F · 54 g KH

* *lässt sich prima einfrieren*

Wiener „Mozart-Torte“

ZUTATEN FÜR CA. 16 STÜCKE

- 4 Eier (Gr. M)
- 100 g Zucker
- 100 g Mehl
- 75 g Speisestärke
- ½ TL Backpulver
- 100 g + 300 g + 150 g Schlagsahne
- 200 g Vollmilch-Kuvertüre
- 100 g Zartbitter-Kuvertüre
- 50 g Pistazienkerne
- 150 g Marzipan-Rohmasse
- 50 g Puderzucker
- 1 Päckchen Vanillin-Zucker
- Backpapier
- Frischhaltefolie

1 Springform (26 cm Ø) am Boden mit Backpapier auslegen. Eier trennen. Eiweiß steif schlagen, dabei Zucker einrieseln lassen. Eigelb einzeln darunterschlagen. Mehl, Stärke und Backpulver mischen, sieben und unterheben. In die Form füllen. Im vorgeheizten Backofen (E-Herd: 175 °C/Umluft: 150 °C/Gas: Stufe 2) ca. 30 Minuten backen. Auskühlen lassen.

2 100 g Sahne erhitzen. Vollmilch-Kuvertüre darin unter Rühren schmelzen. Ca. 1 Stunde auf Zimmertemperatur abkühlen lassen. Zartbitter-Kuvertüre fein raspeln. Pistazien mahlen oder fein hacken. 300 g Sahne steif schlagen. Mit Pistazien, bis auf 2 EL, und Hälfte Kuvertüreraspeln unter die Kuvertüre heben.

3 Boden 2x waagerecht teilen. Ein Drittel Schokosahne auf den unteren Boden streichen, den 2. Boden darauflegen. Mit einem weiteren Drittel Schokosahne bestreichen, 3. Boden daraufsetzen. Torte mit Rest Schokosahne einstreichen. Ca. 2 Stunden kühlen.

4 Marzipan grob raspeln und mit Puderzucker verkneten. Zwischen 2 Lagen Folie zum Kreis (26 cm Ø) ausrollen, in 16 Tortenstücke teilen. Jedes zweite Stück von der Spitze her etwas aufrollen. Marzipan auf die Torte legen. Tortenrand mit Rest Kuvertüreraspeln, bis auf 1 TL, verzieren. 150 g Sahne und Vanillin-Zucker steif schlagen. Mozart-Torte mit Sahnetuffs, Rest Pistazien und Kuvertüreraspeln verzieren.

ZUBEREITUNGSZEIT ca. 2 Std.
BACKZEIT ca. 30 Min.
ABKÜHL-/KÜHLZEIT ca. 3 Std.
STÜCK ca. 360 kcal
5 g E · 21 g F · 35 g KH

* *lässt sich prima einfrieren*

Baileys-Zimtsahne-Torte

ZUTATEN FÜR CA. 16 STÜCKE

- 3 Eier (Gr. M) • Salz
- 75 g + 1 EL Zucker
- 4 Päckchen Vanillin-Zucker
- 50 g Mehl • 50 g Speisestärke
- 1 gestrichener TL Backpulver
- 100 g + 2 EL Walnusskerne
- 8 Blatt weiße Gelatine
- 250 g + 300 g + 300 g Schlagsahne
- ½–1 TL Zimt
- 200 ml + 3 EL Baileys (Whiskey-Likör)
- Kakao + evtl. Zimtsterne zum Verzieren
- Backpapier

1 Springform (26 cm Ø) am Boden mit Backpapier auslegen. Eier trennen. Eiweiß, 3 EL Wasser und 1 Prise Salz steif schlagen, dabei 75 g Zucker und 1 Vanillin-Zucker einrieseln. Eigelb einzeln darunterschlagen. Mehl, Stärke und Backpulver mischen und unterheben. In die Form streichen. Im heißen Ofen (E-Herd: 175 °C/Umluft: 150 °C/Gas: Stufe 2) ca. 25 Minuten backen. Auskühlen lassen.

2 100 g Nüsse hacken. 5 und 3 Blatt Gelatine getrennt kalt einweichen. Biskuit 1x durchschneiden. Um den unteren Boden einen Tortenring legen. 250 g Sahne steif schlagen, dabei 1 EL Zucker und Zimt einrieseln. 5 Blatt Gelatine ausdrücken und bei schwacher Hitze auflösen. 200 ml Baileys löffelweise einrühren. Unter Rühren zur Sahne gießen. Auf den unteren Boden streichen. 2. Boden darauflegen, mit 3 EL Likör beträufeln.

3 300 g Sahne steif schlagen, dabei 2 Vanillin-Zucker einrieseln. 3 Blatt Gelatine ausdrücken, auflösen. 1–2 EL Sahne einrühren. Unter Rühren zur Sahne gießen. Gehackte Nüsse unterheben. Auf den 2. Boden streichen. Ca. 4 Std. kühlen.

4 2 EL Nüsse grob hacken. 300 g Sahne steif schlagen, dabei 1 Vanillin-Zucker einrieseln lassen. ⅓ Sahne in einen Spritzbeutel (Sterntülle) füllen. Torte mit Rest Sahne einstreichen, mit Sahnetuffs, Rest Nüssen, Kakao und Sternen verzieren.

ZUBEREITUNGSZEIT ca. 50 Min.
BACKZEIT ca. 25 Min.
AUSKÜHL-/KÜHLZEIT ca. 5 Std.
STÜCK ca. 330 kcal
5 g E · 22 g F · 21 g KH

* *lässt sich ohne Zimtsterne prima einfrieren*

Schoko-Mandelsplitter

ZUTATEN FÜR CA. 40 STÜCK

- 200 g Mandelstifte
- 100 g Kuvertüre (Vollmilch oder s. Tipp)
- 10 g weißes Plattenfett (z. B. Palmin)
- Backpapier

1 Mandelstifte in der Pfanne ohne Fett rösten und kurz abkühlen lassen. Kuvertüre grob hacken und mit Plattenfett im heißen Wasserbad schmelzen. Alles gut verrühren.

2 Mit einem Teelöffel kleine Häufchen auf 2 mit Backpapier ausgelegte Tabletts setzen. Mandelsplitter im Kühlschrank ca. 1 Stunde fest werden lassen.

ZUBEREITUNGSZEIT ca. 30 Min.
KÜHLZEIT ca. 1 Std.
STÜCK ca. 50 kcal
1 g E · 4 g F · 1 g KH

So schmeckt's auch

Sie mögen lieber herbe Schokolade? Statt der Vollmilch-Kuvertüre können Sie auch Blockschokolade oder „Zartbitter" nehmen.

In letzter Minute gebacken

Der bunte Teller ist schon leer genascht? Zum Glück sind diese köstlichen Kekse ja wirklich im Handumdrehen fertig!

Knusprige Mandelplätzchen

ZUTATEN FÜR CA. 45 STÜCK

- 50 g Butter
- 100 g Zucker
- Salz
- ½ TL Zimt
- 2 EL Orangensaft
- 1 TL Rum
- 50 g Mehl
- 25 g kernige Haferflocken
- 50 g Mandelblättchen
- 100 g Zartbitter-Kuvertüre
- Backpapier

1 Butter bei schwacher Hitze schmelzen. Mit Zucker, 1 Prise Salz und Zimt cremig rühren. Saft und Rum unterrühren. Mehl, Haferflocken und Mandeln unterheben. Ca. 1 Stunde kalt stellen.

2 Mit einem Teelöffel Häufchen mit genügend Abstand (Teig läuft beim Backen auseinander!) auf 2 mit Backpapier ausgelegte Bleche setzen. Im vorgeheizten Backofen (E-Herd: 175 °C/Umluft: 150 °C/Gas: Stufe 2) ca. 12 Minuten backen. Auskühlen lassen.

3 Kuvertüre hacken, im heißen Wasserbad schmelzen. Plätzchen zur Hälfte hineintauchen und auf einem Kuchengitter trocknen lassen.

ZUBEREITUNGSZEIT ca. 45 Min.
KÜHL-/AUSKÜHLZEIT ca. 1½ Std.
BACKZEIT PRO BLECH ca. 12 Min.
STÜCK ca. 40 kcal
1 g E · 2 g F · 5 g KH

Fix & bequem

Kuvertüre gibt's auch in Chips-Form. Sie brauchen sie nicht mehr zu hacken und sie schmilzt ruck, zuck im heißen Wasserbad.

Italienische Pinienkugeln

ZUTATEN FÜR CA. 45 STÜCK

- 2 Eier + 1 Eigelb (Gr. M)
- Salz
- 250 g Puderzucker
- 1 Päckchen Vanillin-Zucker
- 400 g gemahlene Mandeln
- ½ TL Zimt
- 1 EL Milch
- 200 g Pinienkerne
- ca. 5 EL Mandelblättchen
- Backpapier

1 2 Backbleche mit Backpapier auslegen. 2 Eier, 1 Prise Salz, Puderzucker und Vanillin-Zucker schaumig schlagen. Gemahlene Mandeln und Zimt mischen, mit den Knethaken des Handrührgerätes darunterkneten.

2 1 Eigelb und Milch verquirlen. Den Teig mit angefeuchteten Händen zu walnussgroßen Kugeln formen. ⅔ der Kugeln im verquirlten Eigelb, dann in Pinienkernen wälzen, andrücken. Rest Kugeln erst im Eigelb, dann in Mandelblättchen wenden. Auf die Bleche setzen. Im vorgeheizten Backofen (E-Herd: 200 °C/Umluft: 175 °C/Gas: Stufe 3) 8–10 Minuten backen. Auskühlen lassen.

ZUBEREITUNGSZEIT ca. 45 Min.
BACKZEIT PRO BLECH 8–10 Min.
AUSKÜHLZEIT ca. 1 Std.
STÜCK ca. 120 kcal
3 g E · 9 g F · 6 g KH

Zimt-Öhrchen

ZUTATEN FÜR CA. 60 STÜCK

- 225 g (3 Scheiben) TK-Blätterteig
- 3 EL (50 g) brauner Zucker
- 1 gestrichener TL Zimt
- 1 gehäufter EL Butter
- etwas Mehl
- Hagelzucker zum Bestreuen
- Backpapier

1 Teigscheiben nebeneinander auftauen. Zucker und Zimt mischen. Butter bei milder Hitze schmelzen. Jede Scheibe auf wenig Mehl zum Quadrat (ca. 20 x 20 cm) ausrollen. Mit der Hälfte Butter bestreichen und die Hälfte Zimt-Zucker daraufstreuen.

2 Von beiden Seiten zur Mitte hin fest aufrollen. Mit übriger Butter einstreichen, mit Rest Zimt-Zucker bestreuen. Rollen in je ca. 20 Scheiben schneiden und mit genügend Abstand auf 2 mit Backpapier ausgelegte Bleche legen.

3 Im vorgeheizten Backofen (E-Herd: 200 °C/Umluft: 175 °C/Gas: Stufe 3) ca. 15 Minuten backen, nach ca. 5 Minuten mit Hagelzucker bestreuen. Auskühlen lassen.

ZUBEREITUNGSZEIT ca. 45 Min.
BACKZEIT PRO BLECH ca. 15 Min.
STÜCK ca. 30 kcal
0 g E · 2 g F · 3 g KH

Lava-Plätzchen

ZUTATEN FÜR CA. 32 STÜCK

- Fett und Mehl fürs Blech
- 4 frische Eiweiß (Gr. M)
- Salz
- 200–250 g Zucker
- 100 g Kokosraspel
- 100 g Raspelschokolade
- 5–6 EL Mandelblättchen
- evtl. Puderzucker zum Bestäuben

1 Backblech (ca. 35 x 40 cm) fetten, mit Mehl bestäuben. Eiweiß und 1 Prise Salz steif schlagen. Zucker unter weiterem Schlagen einrieseln lassen und weiterschlagen, bis er gelöst ist. Kokos und Hälfte Schokoraspel unterheben. Aufs gesamte Blech streichen und mit Mandeln bestreuen. Im vorgeheizten Backofen (E-Herd: 175 °C/Umluft: 150 °C/ Gas: Stufe 2) ca. 25 Minuten backen.

2 Herausnehmen, sofort mit Rest Schokoraspeln bestreuen. Etwas abkühlen lassen. Lauwarm in 5 cm lange Rauten schneiden. Auf dem Blech auskühlen lassen. Mit Puderzucker bestäuben.

ZUBEREITUNGSZEIT ca. 15 Min.
BACKZEIT ca. 25 Min.
AB-/AUSKÜHLZEIT ca. 30 Min.
STÜCK ca. 80 kcal
1 g E · 4 g F · 9 g KH

Extra-Tipps

Diese Plätzchen sind ideal, um Eiweiß-Reste (z. B. von Vanillekipferln) zu verarbeiten.

Statt Kokosraspel können Sie auch gemahlene Mandeln oder Haselnüsse verwenden.

Anis-Schneeflöckli

ZUTATEN FÜR 40 STÜCK

- 125 g weiche Butter/Margarine
- 70 g + etwas Puderzucker
- 4–5 Tropfen Butter-Vanille-Aroma
- 1–2 TL gemahlener Anis
- 125 g Speisestärke
- 60 g Mehl
- Frischhaltefolie
- Backpapier

1 Fett, 70 g Puderzucker, Aroma und Anis cremig rühren. Stärke und Mehl mischen. Die Hälfte darunterrühren, Rest und 1–2 EL Wasser erst mit den Knethaken des Handrührgerätes, dann kurz mit den Händen darunterkneten. Teig vierteln. Jeweils zur Rolle formen, in Folie wickeln und ca. 30 Minuten kalt stellen.

2 Jede Rolle in 10 Scheiben schneiden und zu Kugeln formen. Auf 2 mit Backpapier ausgelegte Backbleche setzen und mit einer Gabel flach drücken.

3 Anis-Schneeflöckli im vorgeheizten Backofen (E-Herd: 175 °C/Umluft: 150 °C/Gas: Stufe 2) 12–15 Minuten hellbraun backen. Auskühlen lassen. Mit Puderzucker bestäuben.

ZUBEREITUNGSZEIT ca. 45 Min.
KÜHLZEIT ca. 30 Min.
BACKZEIT PRO BLECH 12–15 Min.
STÜCK ca. 50 kcal
0 g E · 3 g F · 6 g KH

Vanille oder Vanillin?

In herkömmlichem Backaroma oder Vanillinzucker wird künstliches Aroma verwendet. Natürliche Vanille-Auszüge stecken dagegen in Bourbon-Vanillezucker, „Vanille-Back" oder flüssiger Essenz (Fläschchen).

Streusel-Cookies

ZUTATEN FÜR CA. 25 STÜCK

- 50 g + 125 g weiche Butter
- 75 g + 200 g Mehl
- 50 g + 125 g brauner Zucker
- 1 Päckchen Vanillin-Zucker
- Salz
- 1 Ei (Gr. M)
- 1 gestrichener TL Backpulver
- 100 g Mandelkerne
- 2 EL Aprikosen-Konfitüre
- Backpapier

1 50 g Butter schmelzen. 75 g Mehl, 50 g braunen Zucker und Vanillin-Zucker mischen. Flüssige Butter zugießen, dabei mit den Knethaken des Handrührgerätes zu Streuseln verkneten.

2 125 g Butter, 125 g braunen Zucker und 1 Prise Salz cremig rühren. Ei unterrühren. 200 g Mehl und Backpulver mischen und kurz unterrühren. Mandeln unterheben.

3 Mit 2 Teelöffeln ca. 25 Häufchen (à 7 cm Ø) mit genügend Abstand auf 2 mit Backpapier ausgelegte Bleche setzen. Etwas flacher drücken, je 1 Klecks Konfitüre und Streusel darauf verteilen. Im vorgeheizten Backofen (E-Herd: 200 °C/Umluft: 175 °C/Gas: Stufe 3) ca. 15 Minuten backen.

ZUBEREITUNGSZEIT ca. 30 Min.
BACKZEIT PRO BLECH ca. 15 Min.
STÜCK ca. 160 kcal
3 g E · 8 g F · 17 g KH

Butter-Mandel-Taler

ZUTATEN FÜR CA. 35 STÜCK

- 50 g weiche Butter
- 75–100 g Zucker
- 1 Päckchen Vanillin-Zucker
- Salz
- 2 EL Apfelsaft oder Milch
- 60 g Mehl
- 50 g Mandelblättchen
- 50 g gehackte Mandeln
- Backpapier

1 Butter, Zucker, Vanillin-Zucker und 1 Prise Salz im hohen Rührbecher cremig rühren. Erst Saft, dann Mehl darunterrühren. Mandelblättchen und gehackte Mandeln unterheben.

2 Je 1 TL Teig als Häufchen mit genügend Abstand (läuft beim Backen auseinander!) auf 2 mit Backpapier ausgelegte Backbleche setzen und etwas flacher drücken. Im vorgeheizten Backofen (E-Herd: 175 °C/Umluft: 150 °C/Gas: Stufe 2) 8–10 Minuten goldbraun backen. Auskühlen lassen.

ZUBEREITUNGSZEIT ca. 20 Min.
BACKZEIT PRO BLECH 8–10 Min.
STÜCK ca. 40 kcal
1 g E · 2 g F · 5 g KH

Vorsicht, zerbrechlich!

Diese knusprigen Taler sind superdünn. Schichten Sie sie deshalb nach dem Auskühlen in einzelnen Lagen auf Pergamentpapier. So können Sie sie mit dem Papier lagenweise herausheben, ohne dass sie brechen.

Löffelkekse „Black & White“

ZUTATEN FÜR CA. 25 STÜCK

- 75 g Butterschmalz
- 100 g brauner Zucker
- Salz
- 1 Ei (Gr. M)
- 3 EL Schlagsahne
- 250 g Mehl
- 2 leicht gehäufte TL Backpulver
- ½–1 leicht gehäufter EL Kakao
- 1 TL Lebkuchen-Gewürz
- ca. 25 Nusskerne (z. B. Para- oder Macadamianüsse)
- evtl. 2 EL Schokoröllchen
- Backpapier

1 Butterschmalz bei milder Hitze schmelzen. Zucker und 1 Prise Salz unterrühren. Ei und Sahne verquirlen, darunterrühren. Mehl und Backpulver mischen, portionsweise kurz unterrühren, zuletzt kurz mit den Händen verkneten. Teig halbieren. Unter eine Hälfte Kakao, unter die zweite Hälfte Gewürz kneten.

2 Je 1 TL hellen und dunklen Teig mit dem Esslöffel auf einem mit Backpapier belegten Backblech aufeinandersetzen. Je 1 Nuss hineindrücken. Einige Kekse mit Schokoröllchen bestreuen. Im vorgeheizten Backofen (E-Herd: 175 °C/ Umluft: 150 °C/Gas: Stufe 2) ca. 20 Minuten backen. Auskühlen lassen.

ZUBEREITUNGSZEIT ca. 40 Min.
BACKZEIT ca. 20 Min.
STÜCK ca. 70 kcal
1 g E · 6 g F · 3 g KH

Statt Lebkuchen-Gewürz

... können Sie unter den Teig auch 1 gestrichenen TL Zimt und evtl. 1 Msp. gemahlene Nelken kneten.

Toffee-Spritzgebäck

ZUTATEN FÜR CA. 50 STÜCK

- 125 g Sahne-Toffee-Bonbons (Rahm-Karamellen)
- 250 g weiche Butter
- 250 g Zucker
- 1 Päckchen Vanillin-Zucker
- Salz
- 3 Eier (Gr. M)
- 325 g Mehl
- 100 g Speisestärke
- 125 g gemahlene Mandeln (ohne Haut)
- 1 gestrichener TL Backpulver
- evtl. 1–2 EL Milch
- 200 g Zartbitter-Kuvertüre
- Backpapier

1 Bonbons sehr fein hacken. Butter, Zucker, Vanillin-Zucker und 1 Prise Salz cremig rühren. Eier einzeln unterrühren. Mehl, Stärke, Mandeln und Backpulver mischen und im Wechsel mit der Milch portionsweise kurz unterrühren. Bonbons unterheben.

2 In einen Spritzbeutel mit sehr großer Sterntülle füllen und ca. 50 Kringel (ca. 6 cm Ø) auf 2 mit Backpapier ausgelegte Backbleche spritzen. Im vorgeheizten Backofen (E-Herd: 200 °C/Umluft: 175 °C/Gas: Stufe 3) ca. 12 Minuten backen. Auskühlen lassen.

3 Kuvertüre grob hacken und im heißen Wasserbad schmelzen. Kringel zur Hälfte hineintauchen. Trocknen lassen.

ZUBEREITUNGSZEIT ca. 1 Std.
BACKZEIT PRO BLECH ca. 12 Min.
AUSKÜHLZEIT ca. 1 Std.
STÜCK ca. 150 kcal
2 g E · 8 g F · 16 g KH

Haferflocken-Herzen

ZUTATEN FÜR CA. 90 STÜCK

- 125 g kalte Butter
- 100 g Zucker
- 1 Ei + 1 Eigelb (Gr. M)
- 250 g + etwas Mehl
- 2 EL kernige Haferflocken
- 50 g Zartbitter-Kuvertüre
- Backpapier
- 1 kleiner Gefrierbeutel

1 Butter in Stückchen, Zucker, 1 Ei und 250 g Mehl erst mit den Knethaken des Handrührgerätes, dann kurz mit den Händen glatt verkneten. Zugedeckt ca. 30 Minuten kalt stellen.

2 Teig auf wenig Mehl ca. 3 mm dick ausrollen, ca. 90 Herzen (ca. 5 cm Ø) ausstechen. Auf 3 mit Backpapier ausgelegte Backbleche legen. 1 Eigelb und ca. 1 EL Wasser verquirlen. Herzen damit bestreichen. Haferflocken darüberstreuen und leicht andrücken.

3 Herzen im vorgeheizten Backofen (E-Herd: 200 °C/Umluft: 175 °C/Gas: Stufe 3) 8–10 Minuten backen. Auskühlen lassen.

4 Kuvertüre grob hacken und im heißen Wasserbad schmelzen. Etwas abkühlen lassen. In einen Gefrierbeutel füllen. Eine kleine Ecke abschneiden und die Herzen mit Schokostreifen verzieren. Trocknen lassen.

ZUBEREITUNGSZEIT ca. 1 Std.
KÜHLZEIT ca. 30 Min.
BACKZEIT PRO BLECH 8–10 Min.
AUSKÜHLZEIT ca. 45 Min.
STÜCK ca. 40 kcal
0 g E · 2 g F · 4 g KH

So schmeckt's auch

Sie können die Herzen statt mit Haferflocken auch mit Mandelblättchen bestreuen.

Dresdner Stollen

ZUTATEN FÜR 3 STOLLEN
(À CA. 20 SCHEIBEN)

- ½ l Milch
- 1250 g Mehl
- 1½ Würfel (ca. 60 g) frische Hefe
- 125 g Zucker
- 320 g weiche + etwas + 125 g Butter
- 2 Eier (Gr. M) • Salz
- je 125 g Rosinen und Korinthen
- abgeriebene Schale von ½ Bio-Zitrone
- je 75 g Zitronat und Orangeat
- 100 g Mandelstifte
- 1½–2 EL Arrak oder Rum
- 300 g Puderzucker

1 Milch leicht erwärmen. Mehl in eine Schüssel geben und in die Mitte eine Mulde drücken. Hefe hineinbröckeln. Mit 1 TL Zucker und etwas lauwarmer Milch zum Vorteig verrühren. Mit etwas Mehl vom Rand bestäuben und zugedeckt an einem warmen Ort ca. 30 Minuten gehen lassen.

2 Reste Zucker und Milch, 320 g Butter in Flöckchen, Eier und 1 Prise Salz zum Vorteig geben. Alles mit den Knethaken des Handrührgerätes zum festen Teig verarbeiten. Rosinen und Korinthen abspülen, trocken tupfen. Mit Zitronenschale, Zitronat, Orangeat, Mandeln und Arrak unter den Teig kneten. Zugedeckt am warmen Ort mind. 1 Stunde gehen lassen.

3 Backblech oder Stollenform fetten. Teig nochmals durchkneten. In drei Portionen teilen. Jedes Teigstück zu einem länglichen ovalen Fladen ausrollen, längs um die Hälfte einschlagen und aufs Blech legen oder in die Form geben. Nochmals ca. 30 Minuten gehen lassen.

4 Stollen nacheinander im vorgeheizten Backofen (E-Herd: 175 °C/Umluft: 150 °C/Gas: Stufe 2) ca. 45 Minuten backen (übrige Stollen kalt stellen).

5 125 g Butter schmelzen. Jeden Stollen sofort nach dem Backen mit insgesamt ⅓ bestreichen, mit Puderzucker bestäuben. Diesen Vorgang 2 x wiederholen.

ZUBEREITUNGSZEIT ca. 1 Std.
GEHZEIT mind. 2 Std.
BACKZEIT PRO STOLLEN ca. 45 Min.
SCHEIBE ca. 180 kcal
3 g E · 8 g F · 21 g KH

Stollen mal klassisch, mal neu

Davon nimmt jeder gleich noch ein Scheibchen. Wie gut, dass man Stollen und Früchtebrot so prima auf Vorrat backen kann

Kirsch-Nuss-Striezel

ZUTATEN FÜR CA. 25 SCHEIBEN

- 200 ml + 2 EL Milch
- 1 Würfel (42 g) frische Hefe
- 50 g Butter/Margarine
- 400 g + etwas Mehl
- 50 g Zucker • Salz
- 1 Ei + 1 Eigelb (Gr. M)
- 75 g Walnusskerne
- 1 großer Apfel (ca. 300 g)
- 1 EL Sauerkirsch-Konfitüre
- 50 g getrocknete Kirschen oder Cranberrys • Backpapier

1 200 ml Milch lauwarm erwärmen. Hefe zerbröckeln und darin auflösen. Fett schmelzen. 400 g Mehl, Zucker und 1 Prise Salz mischen. Fett, Hefemilch und 1 Ei zufügen. Alles zum glatten Teig verkneten. Zugedeckt an einem warmen Ort ca. 45 Minuten gehen lassen.

2 Nüsse hacken. Apfel schälen, entkernen und fein würfeln. Beides mit Konfitüre und Kirschen mischen.

3 Teig auf leicht bemehlter Arbeitsfläche rechteckig (ca. 20 x 60 cm) ausrollen. Nussmischung darauf verteilen und längs aufrollen. Rolle halbieren und beide Stränge zur Kordel drehen. Diagonal auf ein mit Backpapier belegtes Backblech setzen und nochmals ca. 30 Minuten gehen lassen.

4 Eigelb und 2 EL Milch verquirlen. Striezel damit bestreichen. Im vorgeheizten Backofen (E-Herd: 200 °C/Umluft: 175 °C/Gas: Stufe 3) 35–40 Minuten backen. Evtl. kurz vor Ende der Backzeit abdecken.

ZUBEREITUNGSZEIT ca. 1 Std.
GEHZEIT ca. 1¼ Std.
BACKZEIT 35–40 Min.
SCHEIBE ca. 120 kcal
3 g E · 4 g F · 18 g KH

Stollen-Tipps

Dieser Striezel schmeckt frisch am besten. Klassische Stollen in Alufolie wickeln und 2–3 Wochen ruhen lassen. Dann entwickeln sie ihr volles Aroma.

Schoko-Früchtekuchen

ZUTATEN FÜR CA. 16 STÜCKE

- etwas + 250 g weiche Butter
- etwas + 350 g Mehl
- 150 g Zartbitter-Kuvertüre
- 200 g kandierter Ingwer
- 100 g Marzipan-Rohmasse
- 5 Eier (Gr. M)
- 175 g brauner Zucker
- ½ TL gem. Nelken • 1 TL Zimt • Salz
- 5 EL Schlagsahne
- 40 g bittere Orangenmarmelade
- Saft von 1 mittelgroßen Orange
- 100 g gemahlene Mandeln
- 1 gestrichener TL Backpulver
- 100 g Mandelblättchen
- 25 g weißes Plattenfett (z. B. Palmin)
- evtl. Bio-Orangenschale und kandierte Orangenscheiben zum Verzieren
- evtl. Puderzucker zum Bestäuben

1 Springform (26 cm Ø; ca. 8 cm hoch) fetten und mit Mehl ausstäuben. 50 g Kuvertüre und gesamten Ingwer hacken. Marzipan grob raspeln.

2 Eier trennen. 250 g Butter, Zucker, Gewürze und 1 Prise Salz cremig rühren. Eigelb einzeln, Sahne und Marzipan, dann Marmelade, Saft, Schokolade und ¾ Ingwer unterrühren. Eiweiß steif schlagen. Gemahlene Mandeln, 350 g Mehl und Backpulver mischen. Mit Eischnee mit dem Kochlöffel unter den Teig heben. In die Form streichen. Im vorgeheizten Backofen (E-Herd: 175 °C/Umluft: 150 °C/Gas: Stufe 2) 50–60 Minuten backen. Auskühlen lassen.

3 Mandelblättchen in der Pfanne rösten, auskühlen lassen. 100 g Kuvertüre grob hacken. Mit Plattenfett im heißen Wasserbad schmelzen. Kuchen damit überziehen. Mit Rest Ingwer, Mandeln etc. verzieren. Trocknen lassen. Mit Puderzucker bestäuben.

ZUBEREITUNGSZEIT ca. 1 Std.
BACKZEIT 50–60 Min.
AUSKÜHLZEIT ca. 2 Std.
STÜCK ca. 360 kcal
6 g E · 22 g F · 33 g KH

* *lässt sich prima einfrieren*

Früchte-Mohnstollen

ZUTATEN FÜR CA. 20 SCHEIBEN

- 200 g getrocknetes Mischobst (z. B. Apfel, Pflaume, Aprikose)
- 500 g + etwas Mehl • Salz • 1/8 l Milch
- 1 gehäufter EL + 50 g Zucker
- 1 Würfel (42 g) frische Hefe
- 200 g + 75 g Butter
- 50 g gemahlene Mandeln
- 1 Päckchen Vanillin-Zucker
- abgeriebene Schale von 1 Bio-Zitrone
- 1 Beutel (250 g) Mohn-Back
- 100 g Puderzucker • Backpapier

1 Obst ca. 1 Stunde einweichen. 500 g Mehl und 1 Prise Salz in eine Schüssel geben, in die Mitte eine Mulde drücken. Hälfte Milch und 1 EL Zucker erwärmen. Hefe hineinbröckeln, auflösen. In die Mulde gießen, mit etwas vom Mehl zum Vorteig verrühren. Zugedeckt am warmen Ort ca. 15 Minuten gehen lassen.

2 200 g Butter bei milder Hitze schmelzen, Rest Milch zugießen. Mit gemahlenen Mandeln, 50 g Zucker, Vanillin-Zucker und Zitronenschale zum Vorteig geben und alles mit den Knethaken des Handrührgerätes glatt verkneten. Zugedeckt ca. 45 Minuten gehen lassen.

3 Obst abtropfen lassen, trocken tupfen und in kleine Würfel schneiden. Unter das Mohn-Back rühren.

4 Blech (ca. 35 x 40 cm) mit Backpapier auslegen. Teig auf wenig Mehl zum Rechteck (ca. 30 x 35 cm) ausrollen. Mohnmasse darauf verteilen, dabei rundum ca. 2 cm Rand frei lassen. Teig von der Längsseite her aufrollen, etwas flach drücken. Von der Längsseite zu 2/3 einschlagen. Aufs Blech legen, weitere 30 Minuten gehen lassen. Im vorgeheizten Backofen (E-Herd: 200 °C/Umluft: 175 °C/Gas: Stufe 3) ca. 10 Minuten vorbacken. Dann bei 175 °C (Umluft: 150 °C/Gas: Stufe 2) ca. 40 Minuten weiterbacken.

5 75 g Butter schmelzen. Den heißen Stollen mit 1/3 der Butter bestreichen und dick mit Puderzucker bestäuben. Vorgang 2x wiederholen. Auskühlen lassen.

ZUBEREITUNGSZEIT ca. 1½ Std.
EINWEICHZEIT ca. 1 Std.
GEHZEIT ca. 1½ Std.
BACKZEIT ca. 50 Min.
SCHEIBE ca. 300 kcal
5 g E · 15 g F · 35 g KH

** lässt sich prima einfrieren*

Marzipan-Quarkstollen mit Aprikosen

ZUTATEN FÜR CA. 30 SCHEIBEN

- 400 g getrocknete halbweiche Aprikosen
- 5 EL Marillen- oder Amaretto-Likör
- 100 g Pistazienkerne
- 400 g Marzipan-Rohmasse
- etwas + 10 gehäufte EL (ca. 150 g) Puderzucker
- 500 g + etwas Mehl
- 1 Päckchen Backpulver • Salz
- 125 g Zucker
- 1 Päckchen Vanillin-Zucker
- 125 g + 125 g weiche Butter
- 250 g Magerquark
- 2 Eier (Gr. M)
- evtl. 1 EL gemahlene Pistazien zum Verzieren
- Backpapier

1 Aprikosen würfeln und, bis auf ein Viertel zum Verzieren, mit 2 EL Likör mischen. Pistazien grob hacken. Marzipan raspeln, mit 2 EL Likör verkneten. Auf etwas Puderzucker zur Rolle (ca. 38 cm lang) formen.

2 500 g Mehl, Backpulver, 1 Prise Salz, Zucker und Vanillin-Zucker mischen. 125 g Butter in Flöckchen, Quark, Eier und 1 EL Likör zufügen. Alles erst mit den Knethaken des Handrührgerätes, dann kurz mit den Händen glatt verkneten. Aprikosen und Pistazien unterkneten.

3 Backblech mit Backpapier auslegen. Teig auf wenig Mehl rechteckig (ca. 25 x 40 cm) ausrollen. Marzipanrolle der Länge nach auf eine Teighälfte legen. 2. Teighälfte darüberschlagen und andrücken. Stollen evtl. etwas nachformen, diagonal aufs Blech legen. Im vorgeheizten Backofen (E-Herd: 200 °C/Umluft: 175 °C/Gas: Stufe 3) zunächst ca. 15 Minuten backen. Auf 175 °C (Umluft: 150 °C/Gas: Stufe 2) herunterschalten und ca. 30 Minuten weiterbacken.

4 125 g Butter bei schwacher Hitze schmelzen. Den heißen Stollen mit ¼ Butter bestreichen, mit 2½ gehäuften EL Puderzucker bestäuben. Diesen Vorgang noch 3 x wiederholen. Stollen auskühlen lassen. Mit Pistazien und Rest Aprikosen verzieren.

ZUBEREITUNGSZEIT ca 45 Min.
BACKZEIT ca. 45 Min.
SCHEIBE ca. 290 kcal
6 g E · 13 g F · 35 g KH

* *lässt sich prima einfrieren*

Stollinis mit Rumrosinen

ZUTATEN FÜR CA. 65 STÜCK

- 200 g Rosinen
- 4 EL Rum (ersatzw. Orangensaft)
- 500 g Mehl
- 100 ml + 100 ml Milch
- 2 EL + 50 g Zucker
- 2 Päckchen (à 7 g) Trockenhefe
- 200 g + 150 g Butter
- 1 Päckchen Vanillin-Zucker
- Salz
- abgeriebene Schale von 1 Bio-Zitrone
- 100 g gemahlene Mandeln (ohne Haut)
- 100 g + 5 EL gehackte Mandeln
- 125 g Puderzucker
- Backpapier

1 Rosinen abspülen, abtropfen lassen. Mit Rum mischen, ziehen lassen. Mehl in eine Schüssel geben, in die Mitte eine Mulde drücken. 100 ml Milch und 2 EL Zucker leicht erwärmen, Hefe einrühren. In die Mulde gießen, mit etwas von dem Mehl zum Vorteig verrühren. Zugedeckt an einem warmen Ort ca. 30 Minuten gehen lassen.

2 200 g Butter schmelzen, 100 ml Milch zugießen. 50 g Zucker, Vanillin-Zucker, 1 Prise Salz, Zitronenschale, gemahlene Mandeln und lauwarmes Milch-Fett-Gemisch zum Vorteig geben. Alles mit den Knethaken des Handrührgerätes glatt verkneten. Rosinen und 100 g gehackte Mandeln mit den Händen darunterkneten. Zugedeckt mind. 1 Stunde gehen lassen.

3 3 Backbleche mit Backpapier auslegen. Teig kurz durchkneten, knapp walnussgroße Nocken daraus formen, etwas flacher drücken, längs zu ⅔ überklappen. Auf die Bleche setzen.

4 150 g Butter schmelzen. Die Stollinis mit etwas flüssiger Butter bestreichen, mit 5 EL gehackten Mandeln bestreuen und leicht andrücken. Im vorgeheizten Backofen (E-Herd: 200 °C/Umluft: 175 °C/Gas: Stufe 3) ca. 12 Minuten backen. Noch heiß mit der übrigen flüssigen Butter (evtl. nochmals erwärmen) bestreichen und dick mit Puderzucker bestäuben. Auskühlen lassen.

ZUBEREITUNGSZEIT ca. 1 Std.
GEHZEIT mind. 1½ Std.
BACKZEIT PRO BLECH ca. 12 Min.
STÜCK ca. 120 kcal
2 g E · 7 g F · 11 g KH

Cranberry-Mandel-Stollen

ZUTATEN FÜR CA. 30 SCHEIBEN

- 125 g weiche + 125 g Butter
- 200 g Zucker • Salz • 2 Eier (Gr. M)
- 250 g Magerquark
- 2 EL Rum
- je 50 g Orangeat und Zitronat
- 125 g getrocknete Cranberrys (gesüßt)
- 150 g + 50 g gehackte Mandeln
- 500 g + etwas Mehl
- 1 Päckchen Backpulver
- 250 g Puderzucker
- Backpapier

1 125 g Butter, Zucker und 1 Prise Salz kurz cremig rühren. Eier einzeln unterrühren. Quark, Rum, Orangeat, Zitronat, Cranberrys, bis auf 2 EL, und 150 g Mandeln darunterrühren. 500 g Mehl und Backpulver mischen, zufügen. Alles erst mit den Knethaken des Handrührgerätes, dann kurz mit den Händen glatt verkneten (der Teig ist recht weich!).

2 Teig auf einer gut bemehlten Arbeitsfläche rechteckig (ca. 30 x 45 cm) ausrollen. 1 Längsseite zur Mitte einschlagen, dann wiederum zur Mitte einschlagen. Andere Längsseite zur Mitte darüberschlagen. Diagonal auf ein mit Backpapier ausgelegtes Backblech legen und den Stollen noch etwas nachformen. Im vorgeheizten Backofen (E-Herd: 175 °C/Umluft: 150 °C/Gas: Stufe 2) 50–60 Minuten backen.

3 125 g Butter schmelzen. Den heißen Stollen mit ¼ Butter bestreichen, mit ¼ Puderzucker bestreuen. Diesen Vorgang noch 3 x wiederholen. Auskühlen lassen. Mit Rest Cranberrys und 50 g Mandeln verzieren.

ZUBEREITUNGSZEIT ca. 1 Std.
BACKZEIT 50–60 Min.
SCHEIBE ca. 260 kcal
5 g E · 11 g F · 33 g KH

Geeister Orangen-Stollen

ZUTATEN FÜR CA. 10 SCHEIBEN

- 3 EL Amarena-Kirschen (Glas)
- 50 g Pistazienkerne
- 100 g Zartbitter-Schokolade
- 100 g knusprige Butterwaffeln
- 2 frische Eigelb (Gr. M) • 50 g Zucker
- 2 TL flüssiges natürliches Orangen-Aroma oder Orange-Back
- 50 g gehackte Mandeln
- 400 g Schlagsahne
- evtl. Bio-Orangenschale und -scheiben, Mandeln und Melisse zum Verzieren
- Frischhaltefolie

1 Eine Stollen- oder Kastenform (ca. 1 l Inhalt) mit Frischhaltefolie auslegen. Kirschen, Pistazien, Schokolade und Butterwaffeln grob hacken. Eigelb und Zucker cremig schlagen. Orangen-Aroma unterrühren. Vorbereitete Zutaten und gehackte Mandeln unterheben. 300 g Sahne steif schlagen, unterheben.

2 Parfaitmasse in die Form füllen, glatt streichen. Form mit Folie abdecken und über Nacht ins Gefriergerät stellen.

3 100 g Sahne steif schlagen. Den Stollen vorsichtig herauslösen, die Folie ablösen. Mit Sahne einstreichen. Nochmals ca. 1 Stunde ins Gefriergerät stellen. Stollen mit Orangenschale und -scheiben, Mandeln und Melisse verzieren.

ZUBEREITUNGSZEIT ca. 30 Min.
WARTEZEIT ca. 13 Std.
SCHEIBE ca. 340 kcal
5 g E · 24 g F · 24 g KH

Weihnachts-Muffins

ZUTATEN FÜR 12 STÜCK

- 100 g Marzipan-Rohmasse
- 50 g Mandelkerne (z. B. ohne Haut)
- 50 g Orangeat
- 50 g Rosinen
- 1 TL + 325 g Mehl
- 175 g weiche + 50 g Butter
- 150 g brauner Zucker
- 1 Päckchen Vanillin-Zucker
- 2½ TL (5 g) Christstollen-Gewürz
- Salz
- 4 Eier (Gr. M)
- 1 Päckchen Backpulver
- 3 EL Milch
- ca. 2 EL Mandelblättchen
- 50–75 g Puderzucker
- evtl. 12 rote Belegkirschen
- 24 Papier-Backförmchen (ca. 5 cm Ø)

1 Je 2 Papier-Backförmchen in die Vertiefungen eines Muffinblechs (für 12 Stück) setzen. Marzipan grob raspeln. Mandeln grob hacken. Orangeat fein hacken. Rosinen waschen, abtropfen lassen und trocken tupfen. Mit 1 TL Mehl bestäuben.

2 175 g Butter, Marzipan, braunen Zucker, Vanillin-Zucker, Gewürz und 1 Prise Salz cremig rühren. Eier einzeln unterrühren. 325 g Mehl und Backpulver mischen, im Wechsel mit der Milch kurz unterrühren. Orangeat, gehackte Mandeln und Rosinen unterheben.

3 Teig in die Förmchen füllen. Im vorgeheizten Backofen (E-Herd: 175 °C/ Umluft: 150 °C/Gas: Stufe 2) 25–30 Minuten backen.

4 Mandelblättchen in einer Pfanne ohne Fett rösten, auskühlen lassen. 50 g Butter bei milder Hitze schmelzen. Die Muffins sofort mit ⅓ geschmolzener Butter bestreichen. ⅓ Puderzucker daraufsieben. Diesen Vorgang 2 x wiederholen.

5 Muffins aus den Mulden des Muffinblechs heben. Auskühlen lassen. Zum Servieren mit Mandelblättchen bestreuen und mit Belegkirschen verzieren.

ZUBEREITUNGSZEIT ca. 40 Min.
BACKZEIT 25–30 Min.
STÜCK ca. 450 kcal
8 g E · 24 g F · 47 g KH

* *lässt sich prima einfrieren*

Saftiger Früchte-Gugelhupf

ZUTATEN FÜR CA. 20 STÜCKE

- Fett und Mehl für die Form
- 300 g getrocknete Feigen
- 300 g Paranusskerne
- 60 g Pistazienkerne
- 200 g Walnusskerne
- 100 g Mandeln (mit Haut)
- je 100 g Zitronat, Orangeat und Belegkirschen
- 3 Eier (Gr. M)
- 150 g Zucker
- Salz
- 1 TL Pfefferkuchen-Gewürz
- 100 g Mehl
- 2 EL Aprikosen-Konfitüre
- evtl. Pistazien, Mandeln, getrocknete Feigen, Zitronat, Orangeat und Belegkirschen zum Verzieren

1 Eine Napfkuchenform (22 cm Ø, 2 l Inhalt) fetten und mit Mehl ausstreuen. Feigen und Paranüsse grob hacken. Mit Pistazien, Walnüssen, Mandeln, Zitronat, Orangeat und Kirschen mischen.

2 Eier und Zucker schaumig schlagen. 1 Prise Salz, Pfefferkuchen-Gewürz und Mehl unterrühren. Die Nuss-Früchte-Mischung unterheben.

3 Den Teig in die Form füllen und glatt streichen. Im vorgeheizten Backofen (E-Herd: 175 °C/Umluft: 150 °C/Gas: Stufe 2) ca. 1¾ Stunden backen. Etwas abkühlen lassen, dann stürzen und auskühlen lassen.

4 Konfitüre erhitzen. Den Kuchen damit einstreichen. Sofort mit Pistazien, Mandeln, Feigen, Zitronat, Orangeat und Kirschen verzieren.

ZUBEREITUNGSZEIT ca. 30 Min.
BACKZEIT ca. 1¾ Std.
AUSKÜHLZEIT mind. 2 Std.
STÜCK ca. 360 kcal
7 g E · 22 g F · 33 g KH

Schwarz-Weiß-Stollen

ZUTATEN FÜR CA. 24 SCHEIBEN

- 500 g + etwas Mehl
- 1 Würfel (42 g) frische Hefe
- 100 ml + 100 ml Milch
- 2 EL + 50 g Zucker
- 1–2 TL Espresso-Pulver (Instant)
- 2 TL Kakao
- 200 g + etwas + 50 g Butter/Margarine
- Salz • 1 Päckchen Vanillin-Zucker
- 100 g Walnusskerne
- 150 g Nussnougat (schnittfest)
- ca. 2 EL Puderzucker

1 500 g Mehl in eine Schüssel geben. In die Mitte eine Mulde drücken. Hefe hineinbröckeln. 100 ml Milch und 2 EL Zucker erwärmen. Zur Hefe in die Mulde gießen. Mit etwas Mehl vom Rand zum Vorteig verrühren. Zugedeckt am warmen Ort ca. 15 Minuten gehen lassen.

2 100 ml Milch erwärmen. 3 EL Milch abnehmen und mit Espresso-Pulver und 1 TL Kakao verrühren. 200 g Fett in übriger Milch schmelzen und abkühlen lassen. Mit 1 Prise Salz, Vanillin-Zucker und 50 g Zucker zum Vorteig geben. Alles zu einem glatten Teig verkneten. Teig halbieren und die Espresso-Kakao-Milch unter eine Hälfte kneten. Beide Teighälften mind. 45 Minuten gehen lassen.

3 Backblech fetten. Nüsse grob hacken. Nougat würfeln. Hellen Teig mit Nüssen, dunklen Teig mit Nougat verkneten. Beide Teige auf wenig Mehl zu je einem Rechteck (ca. 22 x 30 cm) ausrollen. Dunklen Teig auf den hellen legen, von der Längsseite her zu ⅔ einschlagen. Aufs Blech legen. 30 Minuten gehen lassen.

4 Den Schwarz-Weiß-Stollen im vorgeheizten Backofen (E-Herd: 200 °C/ Umluft: 175 °C/Gas: Stufe 3) zunächst ca. 10 Minuten backen. Dann bei 175 °C (Umluft: 150 °C/Gas: Stufe 2) ca. 30 Minuten weiterbacken.

5 50 g Fett schmelzen und den warmen Stollen damit bestreichen. Mit Puderzucker bestäuben. 1 TL Kakao in breiten Streifen darüberstäuben.

ZUBEREITUNGSZEIT ca. 1 Std.
GEHZEIT mind. 1½ Std.
BACKZEIT ca. 40 Min.
SCHEIBE ca. 240 kcal
4 g E · 14 g F · 24 g KH

Linzer Mandelplätzchen

ZUTATEN FÜR CA. 30 STÜCK

- 250 g + etwas Mehl
- 50 g gemahlene Mandeln (ohne Haut)
- 100 g Zucker
- 1 Päckchen Vanillin-Zucker
- 125 g kalte Butter/Margarine
- 1 Ei + 1 Eigelb (Gr. M)
- evtl. Pinienkerne, Mandelblättchen und Hagelzucker zum Verzieren
- je ca. 150 g Aprikosen- und Kirschkonfitüre
- Puderzucker zum Bestäuben
- Backpapier

1 250 g Mehl, Mandeln, Zucker, Vanillin-Zucker, Fett in Stückchen und 1 Ei erst mit den Knethaken des Handrührgeräts, dann kurz mit den Händen glatt verkneten. Zugedeckt ca. 30 Minuten kalt stellen.

2 Teig auf wenig Mehl ca. 3 mm dick ausrollen. Insgesamt ca. 60 runde, eckige und herzförmige Plätzchen mit Wellenrand (4–6 cm Ø) ausstechen. Aus ca. 30 davon kleine weihnachtliche Motive (Tannenbäume, Sterne etc.) ausstechen, Teigreste weiterverarbeiten.

3 Eigelb verquirlen. Plätzchen mit Loch damit bestreichen, mit Pinienkernen, Mandelblättchen und Hagelzucker bestreuen. Alle Plätzchen auf 2 mit Backpapier ausgelegte Bleche legen. Im vorgeheizten Backofen (E-Herd: 175 °C/ Umluft: 150 °C/Gas: Stufe 2) ca. 12 Minuten backen. Auskühlen lassen.

4 Konfitüren getrennt erhitzen und durch ein Sieb streichen. Die Plätzchen ohne Loch mit Konfitüre bestreichen. Übrige Plätzchen mit Puderzucker bestäuben und daraufsetzen. Mit gleicher Konfitüre etwas auffüllen.

ZUBEREITUNGSZEIT ca. 1½ Std.
BACKZEIT PRO BLECH ca. 12 Min.
KÜHL-/AUSKÜHLZEIT ca. 1½ Std.
STÜCK ca. 100 kcal
1 g E · 4 g F · 13 g KH

Alle Jahre wieder ...

Ob Kipferl, Linzer Plätzchen oder Zimtsterne – diese knusperzarten Evergreens gehören auf jeden Plätzchenteller

Spitzbuben

ZUTATEN FÜR CA. 70 STÜCK

- 400 g + etwas Mehl
- 200 g Zucker
- 250 g kalte Butter
- 1 Ei (Gr. M)
- 1 Päckchen Bourbon-Vanillezucker
- 125 gemahlene Haselnüsse oder Mandeln
- ca. 200 g Johannisbeer-Konfitüre oder -Gelee zum Füllen
- Puderzucker zum Bestäuben
- Backpapier

1 400 g Mehl, Zucker, Butter in Stückchen, Ei, Vanillezucker und Haselnüsse erst mit den Knethaken des Handrührgerätes, dann kurz mit den Händen zu einem glatten Teig verkneten. Zugedeckt ca. 1 Stunde kalt stellen.

2 Teig auf leicht bemehlter Arbeitsfläche dünn ausrollen und ca. 140 kleine Kreise (ca. 4 cm Ø) ausstechen. Auf 2–3 mit Backpapier ausgelegte Backbleche legen. Im vorgeheizten Backofen (E-Herd: 200 °C/Umluft: 175 °C/Gas: Stufe 3) ca. 10 Minuten backen.

3 Plätzchen auskühlen lassen. Die Hälfte mit Johannisbeer-Konfitüre oder erwärmtem Gelee bestreichen. Die andere Hälfte daraufsetzen. Spitzbuben mit Puderzucker bestäuben.

ZUBEREITUNGSZEIT ca. 1¼ Std.
KÜHL-/AUSKÜHLZEIT ca. 1½ Std.
BACKZEIT PRO BLECH ca. 10 Min.
STÜCK ca. 80 kcal
1 g E · 4 g F · 10 g KH

Richtig aufbewahren

Selbst gebackene Plätzchen am besten sortiert (jede Sorte in einer eigenen Blechdose) aufbewahren. Dadurch werden die Gewürzaromen nicht vermischt. Jeweils eine Lage Pergamentpapier dazwischenlegen – das schützt zerbrechliche Exemplare.

Bethmännchen

ZUTATEN FÜR CA. 35 STÜCK

- 75 g Mandelkerne (mit Haut)
- 250 g Marzipan-Rohmasse
- 1 Ei (Gr. M)
- 60 g + etwas Puderzucker
- 30 g Mehl
- evtl. 1–2 EL Rosenwasser (Apotheke)
- 1 TL Milch
- Backpapier

1 Mandeln in Wasser kurz aufkochen, abgießen und abschrecken. Kerne einzeln aus der Haut drücken, trocken tupfen und längs halbieren.

2 Marzipan grob raspeln. Ei trennen. 60 g Puderzucker und Mehl mischen, mit Marzipan, Rosenwasser und Eiweiß mit den Knethaken des Handrührgerätes verkneten. Mit angefeuchteten Händen daraus ca. 35 Kugeln formen.

3 Auf ein mit Backpapier ausgelegtes Blech setzen. Eigelb und Milch verquirlen. Kugeln damit bestreichen. Je 3 Mandelhälften seitlich darandrücken. Im vorgeheizten Backofen (E-Herd: 150 °C/Umluft: 125 °C/Gas: Stufe 1) ca. 18 Minuten backen. Auskühlen lassen. Mit Puderzucker bestäuben.

ZUBEREITUNGSZEIT ca. 1 Std.
BACKZEIT ca. 18 Min.
STÜCK ca. 50 kcal
1 g E · 3 g F · 5 g KH

Vanillekipferl

ZUTATEN FÜR CA. 60 STÜCK

- 275 g + etwas Mehl
- 100 g gemahlene Mandeln
- 75 g Zucker
- 5 Päckchen Vanillin-Zucker
- Salz
- 2 Eigelb (Gr. M)
- 200 g kalte Butter
- evtl. 3 EL Pinienkerne
- 4–5 gehäufte EL Puderzucker
- Frischhaltefolie
- Backpapier

1 275 g Mehl, Mandeln, Zucker, 1 Päckchen Vanillin-Zucker, 1 Prise Salz, Eigelb und Butter in Stückchen erst mit den Knethaken des Handrührgerätes, dann kurz mit den Händen glatt verkneten. In Folie ca. 30 Minuten kalt stellen.

2 Auf etwas Mehl zu 2 Rollen (à 30 cm) formen und in je ca. 30 Stücke schneiden. Zu Hörnchen biegen und auf 2 mit Backpapier belegte Bleche legen, Pinienkerne leicht hineindrücken. Im vorgeheizten Backofen (E-Herd: 200 °C/Umluft: 175 °C/Gas: Stufe 3) 10–12 Minuten hellgelb backen.

3 Puderzucker mit 4 Päckchen Vanillin-Zucker mischen. Die heißen Vanillekipferl vorsichtig darin wälzen.

ZUBEREITUNGSZEIT ca. 40 Min.
KÜHLZEIT ca. 30 Min.
BACKZEIT PRO BLECH 10–12 Min.
STÜCK ca. 60 kcal
1 g E · 4 g F · 6 g KH

Zimtsterne

ZUTATEN FÜR CA. 70 STÜCK

- 3 frische Eiweiß (Gr. M)
- Salz
- 250 g Zucker
- 1 EL Zimt
- 350 g gemahlene Mandeln (mit Haut)
- etwas + 125 g Puderzucker
- Backpapier
- Frischhaltefolie

1 2–3 Backbleche mit Backpapier auslegen. 2 Eiweiß und 1 Prise Salz steif schlagen. Zucker unter weiterem Schlagen einrieseln lassen, 6–8 Minuten weiterschlagen, bis der Zucker gelöst ist. Zimt und Mandeln mischen, mit einem Teigschaber unterheben und kurz glatt verkneten.

2 Teig auf etwas Puderzucker ½–1 cm dick ausrollen. Sterne (ca. 5 cm Ø) und evtl. Sternschnuppen (ca. 8 cm) daraus ausstechen. Auf die Bleche legen.

3 1 Eiweiß steif schlagen. Unter weiterem Schlagen 125 g Puderzucker einrieseln. Sterne und Sternschnuppen damit bestreichen. Im vorgeheizten Backofen (E-Herd: 150 °C/Umluft: 125 °C/ Gas: Stufe 1) auf unterster Schiene (Gas: s. Herdhersteller) 15–20 Minuten backen, dabei evtl. nach ca. 10 Minuten abdecken. Auskühlen lassen.

ZUBEREITUNGSZEIT ca. 1½ Std.
BACKZEIT PRO BLECH ca. 15 Min.
STÜCK ca. 60 kcal
1 g E · 3 g F · 6 g KH

Zweierlei Butter-Spritzgebäck

ZUTATEN FÜR CA. 25 STÜCK

- 25 g Zartbitter-Schokolade
- 200 g weiche Butter
- 100 g Puderzucker
- 1 Päckchen Vanillin-Zucker
- Salz
- 1 Ei (Gr. M)
- 275 g Mehl
- 2–3 EL Milch
- Backpapier

1 2 Backbleche mit Backpapier auslegen. Schokolade fein reiben. Butter, Puderzucker, Vanillin-Zucker und 1 Prise Salz cremig rühren. Ei darunterrühren. Mehl im Wechsel mit der Milch kurz unterrühren.

2 Teig halbieren. Unter eine Hälfte kurz die Schokolade rühren. Teige nacheinander in einen Spritzbeutel (mit mittelgroßer Sterntülle) füllen und Kringel (ca. 6 cm Ø) auf die Bleche spritzen. Im vorgeheizten Backofen (E-Herd: 200 °C/Umluft: 175 °C/Gas: Stufe 3) ca. 15 Minuten backen. Auskühlen lassen.

ZUBEREITUNGSZEIT ca. 15 Min.
BACKZEIT PRO BLECH ca. 15 Min.
STÜCK ca. 130 kcal
1 g E · 8 g F · 13 g KH

Baumkuchen-Spitzen

ZUTATEN FÜR CA. 66 STÜCK

- 200 g + etwas Butter
- 100 g Schlagsahne
- 14 Eier (Gr. M)
- Mark von ½ Vanilleschote
- abgeriebene Schale von ½ Bio-Zitrone
- Salz
- 275 g Zucker
- 2 EL Arrak oder Rum
- 125 g + etwas Mehl
- 125 g Speisestärke
- 500 g Zartbitter-Kuvertüre
- 25 g weißes Plattenfett (z. B. Palmin)
- evtl. etwas Blattgold
- Alufolie

1 200 g Butter bei schwacher Hitze schmelzen. Sahne steif schlagen und kalt stellen. Eier trennen. Eigelb, Vanillemark und Zitronenschale kurz verrühren. Eiweiß und 1 Prise Salz steif schlagen, Zucker dabei einrieseln. Eigelb nach und nach darunterschlagen. Nach und nach flüssige Butter, dann Arrak und Sahne unterziehen. 125 g Mehl und Stärke daraufsieben, unterheben.

2 Eine eckige Backform (ca. 23 x 33 cm; ca. 6 cm hoch) fetten und mit Mehl ausstäuben. 2–3 EL Teig dünn hineinstreichen. Unter dem heißen Grill auf der 2. Schiene von unten ca. 2 Minuten (weitere Schichten ca. 1 Minute) goldbraun backen. Auf gleiche Weise nach und nach 14–20 Schichten backen. Auskühlen.

3 Längs in 3 ca. 7 cm breite Streifen schneiden. In Folie wickeln. Am kühlen trockenen Ort (nicht im Kühlschrank!) ca. 12 Stunden, z. B. über Nacht, durchziehen lassen.

4 Streifen in je ca. 22 Dreiecke schneiden. Kuvertüre grob hacken. Mit Plattenfett im heißen Wasserbad schmelzen. Spitzen hineintauchen. Auf dem Kuchengitter trocknen lassen. Kurz bevor sie ganz trocken sind mit Blattgold verzieren.

ZUBEREITUNGSZEIT ca. 1 Std.
BACKZEIT ca. 25 Min.
AUSKÜHLZEIT ca. 1 Std.
DURCHZIEHZEIT ca. 12 Std.
TROCKENZEIT ca. 1 Std.
STÜCK ca. 120 kcal
2 g E · 7 g F · 11 g KH

Florentiner

ZUTATEN FÜR CA. 30 STÜCK

- 100 g rote Belegkirschen
- 75 g Schlagsahne
- 75 g Butter
- 100 g flüssiger Honig
- 50 g Zucker
- 35 g Mehl
- 250 g Mandelblättchen
- 150 g Zartbitter-Kuvertüre
- Backpapier

1 Kirschen grob hacken. Sahne, Butter, Honig und Zucker unter Rühren aufkochen. Sofort vom Herd ziehen. Mehl daraufstäuben und unterrühren. Mandeln und Kirschen kurz unterrühren.

2 Sofort auf ein mit Backpapier ausgelegtes Backblech streichen. Im vorgeheizten Backofen (E-Herd: 175 °C/Umluft: 150 °C/Gas: Stufe 2) 8–10 Minuten goldgelb backen. Ca. 20 Minuten abkühlen lassen. Dann ca. 30 Kreise (5–6 cm Ø) ausstechen. Auskühlen lassen.

3 Kuvertüre grob hacken und im heißen Wasserbad schmelzen. Die Rückseite der Florentiner damit bestreichen, evtl. mit einem Teigkamm wellenförmig verzieren. Trocknen lassen.

ZUBEREITUNGSZEIT ca. 45 Min.
BACKZEIT 8–10 Min.
AB-/AUSKÜHLZEIT ca. 1½ Std.
STÜCK ca. 130 kcal
2 g E · 9 g F · 10 g KH

Würzige Variationen

Eine Prise Kardamom, eine Messerspitze Zimt oder einige Tropfen Bittermandel-Aroma bringen weihnachtlichen Geschmack in die Schokolade. Oder nehmen Sie doch mal statt normaler Kuvertüre Weihnachtsschokolade.

Biberle

ZUTATEN FÜR CA. 64 STÜCK

- 125 g flüssiger Honig
- 75 g brauner Zucker
- 3 EL Öl
- 175 g + etwas Mehl
- 1 gehäufter TL Backpulver
- Salz
- 2 TL Lebkuchen-Gewürz
- 300 g Marzipan-Rohmasse
- 1 Ei (Gr. M)
- 1 TL Schlagsahne oder Milch
- 2 EL (30 g) Zucker
- Frischhaltefolie
- Backpapier

1 Honig, braunen Zucker und Öl unter Rühren bei mittlerer Hitze erhitzen, bis der Zucker gelöst ist. Ca. 10 Minuten abkühlen lassen.

2 175 g Mehl, Backpulver, 1 Prise Salz und Gewürz mischen. Mit den Knethaken des Handrührgerätes unter den Honig kneten. In Folie bei Raumtemperatur mind. 1 Stunde ruhen lassen.

3 Marzipan zu 4 Rollen (à ca. 35 cm) formen. Honigteig auf wenig Mehl zum Rechteck (ca. 28 x 35 cm) ausrollen, längs in 4 Streifen (à ca. 7 x 35 cm) schneiden. Ei trennen. Eiweiß verquirlen. Ränder der Streifen damit bestreichen.

4 Je 1 Marzipanrolle auf den unteren Teigrand legen und einrollen. Rand andrücken. Rollen in je ca. 16 Dreiecke schneiden. Auf 2 mit Backpapier ausgelegte Bleche legen. Eigelb und Sahne verquirlen, Biberle damit bestreichen. Im vorgeheizten Backofen (E-Herd: 175 °C/ Umluft: 150 °C/Gas: Stufe 2) ca. 15 Minuten backen. Auskühlen lassen.

5 Zucker und 2 EL Wasser kurz aufkochen. Biberle damit bestreichen. Trocknen lassen.

ZUBEREITUNGSZEIT ca. 40 Min.
AB-/AUSKÜHLZEIT ca. 1½ Std.
RUHEZEIT ca. 1 Std.
BACKZEIT PRO BLECH ca. 15 Min.
STÜCK ca. 50 kcal
1 g E · 2 g F · 7 g KH

Schwarz-Weiß-Gebäck

ZUTATEN FÜR CA. 30 STÜCK

- 250 g + etwas Mehl
- 1 TL Backpulver
- 125 g kalte Butter/Margarine
- 1 Ei + 1 frisches Eiweiß (Gr. M)
- 50 g Zucker
- ½ TL Zimt
- 2 gestrichene EL Kakao
- 1 EL Milch
- Frischhaltefolie
- Backpapier

1 250 g Mehl und Backpulver mischen. Fett in Stückchen, Ei und Zucker zufügen. Alles zu einem glatten Teig verkneten. Teig halbieren. Unter eine Hälfte Zimt, unter die andere Hälfte Kakao und Milch kneten. Beide Teige getrennt in Folie wickeln, ca. 1 Stunde kalt stellen.

2 Eiweiß verquirlen. Beide Teige getrennt auf etwas Mehl rechteckig (ca. 18 x 25 cm) ausrollen. Helle Teigplatte dünn mit Eiweiß bestreichen. Dunkle Teigplatte darauflegen und ebenfalls mit Eiweiß bestreichen. Teigplatten zu einer festen Rolle aufrollen. Zugedeckt ca. 1 Stunde kalt stellen.

3 Teigrolle in ca. 30 Scheiben schneiden und auf 2 mit Backpapier ausgelegte Backbleche legen. Im vorgeheizten Backofen (E-Herd: 200 °C/Umluft: 175 °C/Gas: Stufe 3) ca. 12 Minuten goldbraun backen.

ZUBEREITUNGSZEIT ca. 50 Min.
KÜHLZEIT ca. 2 Std.
BACKZEIT PRO BLECH ca. 12 Min.
STÜCK ca. 70 kcal
1 g E · 4 g F · 8 g KH

Oder mit Karos

Das Schwarz-Weiß-Gebäck können Sie auch als Karomuster anordnen: dazu beide Teige auf etwas Mehl zum Rechteck (ca. 6 x 25 cm; ca. 1,5 cm dick) ausrollen, Ränder dabei mit einem Lineal begradigen. Je längs in 4 Streifen schneiden. Mit Eiweiß bestreichen. 1 hellen und 1 dunklen Streifen nebeneinanderlegen. Versetzt 1 dunklen und 1 hellen darauflegen, andrücken. Ca. 1 Stunde kalt stellen. In ca. 30 Scheiben schneiden; wie oben backen.

Berliner Brot

ZUTATEN FÜR CA. 100 STÜCK

- Fett fürs Blech
- 5 Eier (Gr. M)
- 500 g brauner Zucker
- 50 g Kakao
- je ½ TL gemahlene Nelken und Zimt
- 500 g Mehl
- ½ Päckchen Backpulver
- 200 g + ca. 150 g Haselnusskerne
- 300 g Zartbitter-Kuvertüre

1 Backblech (ca. 35 x 40 cm) fetten. Eier, 3 EL lauwarmes Wasser, braunen Zucker, Kakao, Nelken und Zimt ca. 8 Minuten schaumig schlagen. Mehl und Backpulver mischen und die Hälfte davon unterrühren. Rest Mehlmischung und 200 g Nüsse mit den Knethaken des Handrührgerätes darunterkneten. Teig auf das Blech streichen.

2 Im vorgeheizten Backofen (E-Herd: 175 °C/Umluft: 150 °C/Gas: Stufe 2) ca. 30 Minuten backen. Sofort in Streifen (ca. 2 x 7 cm) schneiden. Auskühlen.

3 Kuvertüre grob hacken und im heißen Wasserbad schmelzen. Berliner Brot jeweils bis zur Hälfte in die Kuvertüre tauchen und mit je einer Haselnuss verzieren. Trocknen lassen.

ZUBEREITUNGSZEIT ca. 45 Min.
BACKZEIT ca. 30 Min.
AUSKÜHLZEIT ca. 1 Std.
STÜCK ca. 120 kcal
2 g E · 8 g F · 10 g KH

Feine Marzipanschnitten

ZUTATEN FÜR CA. 24 STÜCKE

- **350 g + etwas + 200 g Mehl**
- **125 g + 50 g Zucker • 7 Eier (Gr. M)**
- **250 g kalte + 150 g + etwas Butter**
- **200 g + 150 g Marzipan-Rohmasse**
- **1 Päckchen Vanillin-Zucker • Salz**
- **50 g Speisestärke • 1 TL Backpulver**
- **225 g Johannisbeer-Gelee**
- **2 EL + etwas Puderzucker**
- **evtl. etwas Kakao**
- **100 g Zartbitter-Kuvertüre**
- **1 kleiner Gefrierbeutel**

1 350 g Mehl, 125 g Zucker, 1 Ei und 250 g Butter erst mit den Knethaken des Handrührgerätes, dann kurz mit den Händen verkneten. Zugedeckt ca. 30 Minuten kalt stellen. Fettpfanne fetten und mit Mehl ausstäuben. Teig darin ausrollen, öfter einstechen. Im vorgeheizten Backofen (E-Herd: 200 °C/Umluft: 175 °C/ Gas: Stufe 3) ca. 10 Minuten backen.

2 150 g Butter schmelzen, etwas abkühlen lassen. 4 Eier trennen. 200 g Marzipan grob raspeln. Mit 50 g Zucker und Vanillin-Zucker glatt rühren. Eigelb und 2 Eier nacheinander unterrühren. Eiweiß und 1 Prise Salz steif schlagen.

3 200 g Mehl, Stärke und Backpulver mischen, über die Marzipancreme sieben. Mit der Butter kurz unterrühren. Eiweiß unterheben. Gelee glatt rühren, 2 EL beiseite stellen. Rest auf den Teigboden streichen. Marzipanmasse darauf glatt streichen. Im heißen Ofen bei gleicher Temperatur ca. 20 Minuten backen. Auskühlen lassen. 150 g Marzipan mit 2 EL Puderzucker verkneten. Auf wenig Puderzucker ausrollen, 24 Tannenbäume ausstechen. Mit Kakao bestreichen.

4 Kuvertüre hacken, im heißen Wasserbad schmelzen. Einige Tannenbäume längs etwas hineintauchen, trocknen lassen. Kuchen in Dreiecke schneiden. Mit Marzipanbäumen verzieren. Rest Gelee durchs Sieb streichen, in 1 Gefrierbeutel füllen. Die Schnitten damit verzieren.

ZUBEREITUNGSZEIT ca. 1 Std.
KÜHLZEIT ca. 30 Min.
BACKZEIT ca. 30 Min.
AUSKÜHLZEIT ca. 45 Min.
STÜCK ca. 370 kcal
6 g E · 21 g F · 38 g KH

* *lassen sich prima einfrieren*

Stück für Stück süßer Genuss

Oh, Tannenbaum, oh, Tannenbaum! Muffins & Co. dürfen im Advent nicht fehlen. Hier sind sie mal weihnachtlich gestylt!

Brownie-Nuss-Würfel

ZUTATEN FÜR 60 STÜCK

- etwas + 125 g Butter/Margarine
- 200 g Zartbitter-Schokolade
- 100 g Walnusskerne
- 100 g Mandelkerne (mit Haut)
- 4 Eier (Gr. M)
- 200 g Zucker
- 175 g Mehl
- 2 gestrichene TL Backpulver
- Puderzucker zum Bestäuben
- starke Alufolie
- evtl. kleine Papier-Backförmchen

1 Die Hälfte einer Fettpfanne (ca. 32 x 39 cm; mind. 3,5 cm tief) leicht fetten. Ein Stück Alufolie als Schiene mehrfach falten und die Fettpfanne damit in der Mitte abgrenzen.

2 Schokolade in Stücke brechen. Mit 125 g Fett im heißen Wasserbad schmelzen. Abkühlen lassen. Nüsse und Mandeln grob hacken. Eier und Zucker schaumig schlagen. Flüssige Schokolade unterrühren. Mehl, Backpulver, Nüsse und Mandeln mischen, kurz unterrühren.

3 Teig auf die Hälfte der Fettpfanne streichen. Im vorgeheizten Backofen (E-Herd: 175 °C/Umluft: 150 °C/Gas: Stufe 2) ca. 20 Minuten backen. Auskühlen lassen. In 60 Würfel (ca. 3 x 3 cm) schneiden. Mithilfe von Schablonen mit Puderzucker Sterne auf die Brownies stäuben. In die Förmchen setzen.

ZUBEREITUNGSZEIT ca. 45 Min.
BACKZEIT ca. 20 Min.
STÜCK ca. 80 kcal
2 g E · 5 g F · 7 g KH

** lassen sich prima einfrieren*

Super in Form

Sie können die Brownies auch in einer flachen eckigen Back- oder Auflaufform backen. Diese fetten und mit Paniermehl ausstreuen – so lässt sich der Kuchen gut stürzen.

Glühwein-Donauwellen

ZUTATEN FÜR CA. 48 STÜCKE

- 2 Päckchen Puddingpulver „Vanille" (für je ½ l Milch; zum Kochen)
- 1 l Milch
- 120 g + 2 EL + 250 g Zucker
- 100 ml trockener Rotwein
- 1 Beutel „Glühfix" (Rotwein-Gewürz)
- 1 Glas (720 ml) Kirschen
- etwas + 550 g weiche Butter
- 6 Eier (Gr. M)
- 350 g Mehl
- 1 Päckchen Backpulver
- 2 EL Kakao
- 250 g Puderzucker
- Frischhaltefolie

1 Puddingpulver, 150 ml Milch und 120 g Zucker glatt rühren. 850 ml Milch aufkochen. Angerührtes Puddingpulver einrühren und nochmals ca. 1 Minute köcheln. Pudding in eine Schüssel füllen und Folie direkt auf die Oberfläche legen, damit sich keine Haut bildet. Auskühlen lassen.

2 Rotwein, Gewürz und 2 EL Zucker aufkochen, ca. 10 Minuten ziehen lassen. Gewürz herausnehmen und den Wein abkühlen lassen. Kirschen gut abtropfen lassen.

3 Ein tiefes Backblech oder eine Fettpfanne (32 x 39 cm; mind. 3,5 cm tief) fetten. 250 g Butter und 250 g Zucker cremig rühren. Eier nacheinander unterrühren. Mehl und Backpulver mischen, kurz unterrühren.

4 Teig halbieren. Eine Hälfte gleichmäßig auf das Blech oder die Fettpfanne streichen. Unter den Rest Teig die Hälfte des Rotweins und Kakao rühren. Auf den hellen Teig streichen. Kirschen gleichmäßig darauf verteilen. Im vorgeheizten Backofen (E-Herd: 175 °C/Umluft: 150 °C/Gas: Stufe 2) ca. 35 Minuten backen. Auskühlen lassen.

5 300 g Butter cremig schlagen. Pudding esslöffelweise unterrühren. Buttercreme gleichmäßig auf den Kuchen streichen und mind. 4 Stunden kühl stellen, bis die Creme fest ist. Restlichen Rotwein und Puderzucker zum Guss verrühren. Buttercreme gleichmäßig mit Guss überziehen. Trocknen lassen. Kuchen in ca. 48 Stücke schneiden.

ZUBEREITUNGSZEIT ca. 1½ Std.
AUSKÜHL-/KÜHLZEIT mind. 6 Std.
BACKZEIT ca. 35 Min.
STÜCK ca. 200 kcal
3 g E · 11 g F · 23 g KH

* *lassen sich ohne Guss prima einfrieren*

Giotto-Muffins

ZUTATEN FÜR 12 STÜCK

- 3 Stangen (à 10 Stück) Giotto-Kugeln (gefüllte Haselnuss-Spezialität)
- 3 Eier (Gr. M)
- 100 g saure Sahne
- 200 ml Öl
- 150 g Zucker
- 1 Päckchen Vanillin-Zucker
- Salz • 300 g Mehl
- 2 gehäufte TL Backpulver
- Puderzucker zum Bestäuben
- 24 Papier-Backförmchen (5 cm Ø)

1 Je 2 Papierförmchen ineinanderstellen und in die Mulden eines Muffinblechs (für 12 Stück) setzen. 10 Giotto-Kugeln fein hacken.

2 Eier, saure Sahne, Öl, Zucker, Vanillin-Zucker und 1 Prise Salz kurz verrühren. Mehl und Backpulver mischen, portionsweise kurz unterrühren. Gehackte Kugeln unterheben. Teig in die Förmchen füllen. 20 Kugeln darauf verteilen und leicht in den Teig drücken. Im vorgeheizten Backofen (E-Herd: 175 °C/Umluft: 150 °C/Gas: Stufe 2) ca. 25 Minuten backen. Auskühlen lassen. Mit Puderzucker bestäuben.

ZUBEREITUNGSZEIT ca. 20 Min.
BACKZEIT ca. 25 Min.
STÜCK ca. 440 kcal
7 g E · 27 g F · 40 g KH

* *lassen sich prima einfrieren*

Kleine Schokotörtchen

ZUTATEN FÜR 12 STÜCK

- Fett und Mehl fürs Blech
- 500–600 g Zartbitter-Kuvertüre
- 100 g weiche Butter/Margarine
- 200 g + 1 TL Zucker
- 1 Päckchen Bourbon-Vanillezucker
- Salz • 3 Eier (Gr. M)
- 150 g Mehl
- 2 gehäufte TL Backpulver
- 1 Würfel (25 g) weißes Plattenfett (z. B. Palmin)
- 150 g Schlagsahne
- 1 gehäufter TL + etwas Kakao
- evtl. 12 Schoko-Dekore „Zartbitter“ zum Verzieren

1 Die Mulden eines Muffinblechs (für 12 Stück) fetten, mit Mehl ausstäuben. Kuvertüre grob hacken. 175 g Kuvertüre im heißen Wasserbad schmelzen. Etwas abkühlen lassen. Fett, 200 g Zucker, Vanillezucker und 1 Prise Salz cremig rühren. Eier einzeln unterrühren. Mehl und Backpulver mischen, portionsweise kurz unterrühren. Dann die flüssige Kuvertüre kurz unterrühren.

2 Teig in das Muffinblech füllen. Im vorgeheizten Backofen (E-Herd: 175 °C/ Umluft: 150 °C/Gas: Stufe 2) ca. 25 Minuten backen. Ca. 10 Minuten abkühlen, aus der Form stürzen. Auskühlen lassen.

3 Rest Kuvertüre mit Plattenfett im heißen Wasserbad schmelzen. Muffins umdrehen, sodass sie auf der Oberseite stehen. Mit der Kuvertüre überziehen, trocknen lassen.

4 Sahne steif schlagen, dabei 1 TL Zucker und 1 gehäuften TL Kakao einrieseln lassen. In einen Spritzbeutel (mit Sterntülle) füllen. Muffins mit Schokosahne, Kakao und Dekor verzieren.

ZUBEREITUNGSZEIT ca. 40 Min.
BACKZEIT ca. 25 Min.
AB-/AUSKÜHLZEIT ca. 40 Min.
TROCKENZEIT ca. 1 Std.
STÜCK ca. 490 kcal
6 g E · 29 g F · 48 g KH

** lassen sich ohne Verzierung prima einfrieren*

Schoko-Kirsch-Schnitten

ZUTATEN FÜR CA. 12 STÜCKE

- 80 g Zartbitter-Schokolade
- 4 Eier (Gr. M) • Salz • 75 g Zucker
- 2 Päckchen Vanillin-Zucker
- 125 g Mehl
- 1 gestrichener TL Backpulver
- 1 gestrichener TL Lebkuchen-Gewürz
- 1 Glas (720 ml) Kirschen
- 1 Päckchen Puddingpulver „Vanille" (zum Kochen; für ½ l Milch)
- 300 g Schlagsahne
- 2 TL Puderzucker
- Zimt und Kakao zum Bestäuben
- Backpapier

1 Eine quadratische Springform (ca. 23 x 23 cm) am Boden mit Backpapier auslegen. Schokolade in Stücke brechen und im heißen Wasserbad schmelzen. Ca. 5 Minuten abkühlen lassen.

2 Eier trennen. Eiweiß und 1 Prise Salz steif schlagen, Zucker und 1 Päckchen Vanillin-Zucker dabei einrieseln lassen. Eigelb einzeln darunterschlagen. Flüssige Schokolade nach und nach unterrühren. Mehl, Backpulver und Gewürz daraufsieben, unterheben. In die Form streichen. Im vorgeheizten Backofen (E-Herd: 200 °C/Umluft: 175 °C/Gas: Stufe 3) ca. 15 Minuten backen. Auskühlen lassen.

3 Kirschen abtropfen, Saft auffangen. Puddingpulver und 6 EL Saft verrühren. Rest Saft aufkochen, Puddingpulver einrühren. Unter Rühren ca. 1 Minute köcheln. Kirschen unterheben. Ca. 15 Minuten abkühlen lassen.

4 Biskuit waagerecht halbieren. Den Formrand um den 1. Boden schließen. Kompott daraufstreichen. Den 2. Boden darauflegen. Sahne und 1 Päckchen Vanillin-Zucker steif schlagen. Auf den 2. Boden streichen. Ca. 2 Stunden kalt stellen.

5 Kuchen in ca. 12 Stücke schneiden. Vorm Servieren je 1 TL Puderzucker mit Zimt bzw. Kakao mischen. Mithilfe einer Schablone oder Ausstechform Tannenbäume auf jede Schnitte stäuben.

ZUBEREITUNGSZEIT ca. 45 Min.
AB-/AUSKÜHL-/KÜHLZEIT ca. 3½ Std.
BACKZEIT ca. 15 Min.
STÜCK ca. 280 kcal
5 g E · 13 g F · 34 g KH

* *lassen sich prima einfrieren*

Apfel-Lebkuchen-Schnitten

ZUTATEN FÜR CA. 24 STÜCKE

- 1,25 kg säuerliche Äpfel
- 5–6 EL Zitronensaft
- 250 g weiche Butter
- 200 g Zucker • Salz
- 4 Eier (Gr. M)
- 250 g Mehl • 100 g Speisestärke
- 1 gehäufter TL Backpulver
- ½ TL gemahlener Zimt
- 1 TL Lebkuchen-Gewürz
- 3–4 TL Kakao
- 5–6 EL Milch
- 4–5 EL Mandelblättchen
- 150 g Apfelgelee
- 3–4 EL Calvados (französischer Apfelbranntwein)
- Puderzucker zum Bestäuben
- Backpapier • evtl. 2 Einweg-Spritzbeutel

1 Eine Fettpfanne (ca. 32 x 39 cm, ca. 3,5 cm tief) mit Backpapier auslegen. Äpfel schälen, vierteln, entkernen und in grobe Spalten schneiden. Sofort mit Zitronensaft beträufeln.

2 Butter, Zucker und 1 Prise Salz mit den Schneebesen des Handrührgerätes cremig rühren. Eier einzeln unterrühren. Mehl, Stärke und Backpulver mischen und portionsweise kurz unterrühren.

3 Teig halbieren. Eine Hälfte mit Zimt, eine mit Gewürz, Kakao und Milch verrühren. Teig je in einen Spritzbeutel (ohne Tülle) füllen. Von Einweg-Spritzbeuteln Spitze großzügig abschneiden.

4 Den dunklen und hellen Teig abwechselnd in dicken Streifen auf die Fettpfanne spritzen, bis der gesamte Teig verbraucht und die Fettpfanne ausgefüllt ist. Apfelspalten dachziegelartig darauflegen und leicht andrücken.

5 Im vorgeheizten Backofen (E-Herd: 200 °C/Umluft: 175 °C/Gas: Stufe 3) ca. 25 Minuten backen. Mandeln in einer Pfanne ohne Fett anrösten, herausnehmen. Apfelgelee erwärmen und mit Calvados glatt rühren. Kuchen damit bestreichen und mit Mandelblättchen bestreuen. Auskühlen lassen. Mit Puderzucker bestäuben. Dazu passt Schlagsahne.

ZUBEREITUNGSZEIT ca. 1¼ Std.
BACKZEIT ca. 25 Min.
STÜCK ca. 250 kcal
3 g E · 11 g F · 33 g KH

* *lassen sich ohne Verzierung prima einfrieren*

Mini-Cappuccino-Muffins

ZUTATEN FÜR CA. 24 STÜCK

- 100 g weiche Butter/Margarine
- 75 g + 175 g Zucker
- 1 Päckchen Vanillin-Zucker
- 1 EL Cappuccino-Pulver (Instant)
- Salz
- 3 Tropfen Bittermandel-Aroma
- 2 Eier + 2 frische Eiweiß (Gr. M)
- 175 g Mehl
- 1 leicht gehäufter TL Backpulver
- 40 g Raspel-Schokolade
- 1 TL Kakao
- 1 TL Puderzucker
- ca. 24 Alu- oder Papierförmchen (ca. 2,5 cm Ø)

1 Förmchen auf ein Blech oder in ein Mini-Muffinblech (für 24 Stück) setzen. Fett, 75 g Zucker, Vanillin-Zucker, Cappuccino-Pulver, 1 Prise Salz und Aroma cremig rühren. 2 Eier einzeln unterrühren. Mehl und Backpulver mischen, portionsweise kurz darunterrühren. Schokoraspel unterheben. In die Förmchen füllen. Im vorgeheizten Backofen (E-Herd: 175 °C/Umluft 150 °C/Gas: Stufe 2) ca. 5 Minuten vorbacken.

2 2 Eiweiß und 1 Prise Salz steif schlagen. 175 g Zucker unter weiterem Schlagen einrieseln lassen, bis er gelöst ist. Auf die Muffins verteilen. Bei gleicher Temperatur ca. 20 Minuten weiterbacken. Auskühlen lassen. Kakao und Puderzucker mischen. Muffins damit bestäuben.

ZUBEREITUNGSZEIT ca. 30 Min.
BACKZEIT ca. 25 Min.
STÜCK ca. 120 kcal
2 g E · 5 g F · 17 g KH

Wie vom Konditor

Sind Ihnen die Muffins zu lässig verziert? Füllen Sie die Baisermasse in einen Spritzbeutel mit Lochtülle und sprühen Sie hübsche Rosetten auf die Küchlein.

Gewürzschnitten „Linzer Art“

ZUTATEN FÜR CA. 24 STÜCKE

- etwas + 250 g weiche Butter/Margarine
- ½ Fläschchen Bittermandel-Aroma
- 300 g Zucker
- 1 Päckchen Vanillin-Zucker
- 6 Eier (Gr. M)
- 500 g Mehl
- 200 g gemahlene Haselnüsse
- 1 Päckchen Backpulver
- 5 leicht gehäufte EL (50 g) Kakao
- 1 Msp. gemahlene Nelken
- je 1 gestrichener TL Zimt und Lebkuchen-Gewürz
- ⅛ l Milch
- 600 g Himbeer-Konfitüre
- Puderzucker zum Bestäuben

1 Fettpfanne (ca. 32 x 39 cm, mind. 3,5 cm tief) fetten. 250 g Fett, Aroma, Zucker und Vanillin-Zucker in einer großen Rührschüssel 5–7 Minuten cremig rühren. Eier nacheinander unterrühren.

2 Mehl, Haselnüsse, Backpulver, Kakao, Nelken, Zimt und Lebkuchen-Gewürz mischen. Portionsweise im Wechsel mit der Milch kurz unter die Fett-Eimasse rühren.

3 ⅔ des Teiges auf der Fettpfanne glatt streichen. Konfitüre und 2–3 EL heißes Wasser verrühren. Gleichmäßig auf den Teig streichen. Rest Teig in einen Spritzbeutel (mit großer Sterntülle) füllen.

4 Gitter auf die Konfitüre spritzen. Im vorgeheizten Backofen (E-Herd: 200 °C/Umluft: 175 °C/Gas: Stufe 3) ca. 25 Minuten backen. Auskühlen lassen. Mit Puderzucker bestäuben. In ca. 24 Stücke schneiden.

ZUBEREITUNGSZEIT ca. 25 Min.
BACKZEIT ca. 25 Min.
STÜCK ca. 350 kcal
6 g E · 16 g F · 42 g KH

* *lassen sich prima einfrieren*

Früchte-Nuss-Schnitten

ZUTATEN FÜR CA. 30 STÜCKE

- 170 g getrocknete Soft-Aprikosen
- 100 g getrocknete Soft-Feigen
- 50 g + ca. 30 (ca. 120 g) Walnusskerne
- 50 g Haselnusskerne
- 50 g Mandelkerne (ohne Haut)
- 50 g + 1 EL Rosinen
- 250 g + 1 EL weiche Butter/Margarine
- 70 g Zucker • 70 g flüssiger Honig
- Salz • 1 Päckchen Vanillin-Zucker
- 5 Eier (Gr. M)
- 500 g Mehl • 1 Päckchen Backpulver
- 75 ml Milch • 4 EL Rum
- 50 g getrocknete Kirschen oder Cranberrys
- Fett und Mehl für die Fettpfanne
- 5–6 EL Puderzucker zum Bestäuben

1 15 Aprikosen halbieren und zum Verzieren beiseite legen. Feigen und Rest Aprikosen klein würfeln. Je 50 g Walnüsse, Haselnüsse und Mandeln ohne Fett rösten. Herausnehmen, grob hacken. Rosinen waschen, abtropfen.

2 250 g Fett, Zucker, Honig, 1 Prise Salz und Vanillin-Zucker mit den Schneebesen des Handrührgerätes cremig rühren. Eier einzeln unterrühren. Mehl und Backpulver mischen. Im Wechsel mit Milch und Rum unter den Teig rühren. Nüsse, Aprikosenwürfel, Feigen, Kirschen und 50 g Rosinen unterheben.

3 Teig auf die gefettete und mit Mehl ausgestreute Fettpfanne des Backofens (32 x 39 cm; mind. 3,5 cm tief) streichen. Im vorgeheizten Backofen (E-Herd: 175 °C/Umluft: 150 °C/Gas: Stufe 2) 25–30 Minuten goldbraun backen. Herausnehmen.

4 1 EL Fett schmelzen. Den warmen Kuchen damit bepinseln und dick mit Puderzucker bestäuben. Auskühlen lassen. Kuchen in ca. 30 Stücke schneiden. Mit Walnusshälften, 1 EL Rosinen und je einer Aprikosenhälfte verzieren.

ZUBEREITUNGSZEIT ca. 1 Std.
BACKZEIT 25–30 Min.
STÜCK ca. 260 kcal
5 g E · 4 g F · 26 g KH

** lassen sich prima einfrieren*

Domino-Muffins

ZUTATEN FÜR 12 STÜCK

- etwas + 200 g weiche Butter/Margarine
- 3 EL (60 g) flüssiger Honig
- 100 g Zucker
- 1 Päckchen Vanillin-Zucker
- 1 gehäufter TL Lebkuchen-Gewürz
- Salz • 4 Eier (Gr. M) • 300 g Mehl
- 1 Päckchen Backpulver
- 1 leicht gehäufter EL (10 g) Kakao
- 5 EL Milch • 150 g Marzipan-Rohmasse
- 2 leicht gehäufte EL + etwas Puderzucker
- 3–4 EL Himbeergeist
- 100 g Himbeer-Konfitüre
- je 100 g Vollmilch- und weiße Kuvertüre
- 1 kleiner Gefrierbeutel • Frischhaltefolie

1 Die Vertiefungen eines Muffinblechs (für 12 Stück) fetten. 200 g Fett, Honig, Zucker, Vanillin-Zucker, Gewürz und 1 Prise Salz cremig rühren. Eier einzeln unterrühren. Mehl, Backpulver und Kakao mischen, im Wechsel mit der Milch kurz unterrühren.

2 Teig in das Muffinblech füllen. Im vorgeheizten Backofen (E-Herd: 175 °C/ Umluft: 150 °C/Gas: Stufe 2) ca. 25 Minuten backen. Auskühlen lassen.

3 Marzipan raspeln, mit 2 EL Puderzucker verkneten. Zwischen Folie ca. 3 mm dick ausrollen und 12 Kreise (ca. 5 cm Ø) ausstechen. Marzipanreste erneut verkneten, auf Puderzucker zum Streifen (ca. 8 x 24 cm) ausrollen und in Dominosteine (ca. 2 x 4 cm) schneiden.

4 Muffins waagerecht halbieren. Untere Hälften mit Himbeergeist beträufeln. Mit Hälfte Konfitüre bestreichen. Marzipankreise darauflegen, mit Rest Konfitüre bestreichen. Muffindeckel darauflegen.

5 Kuvertüren grob hacken, getrennt im heißen Wasserbad schmelzen. Etwas Vollmilch-Kuvertüre in einen Gefrierbeutel füllen und eine sehr kleine Ecke abschneiden. Dominosteine damit verzieren. Hälfte der Muffindeckel mit weißer, die übrigen mit Vollmilch-Kuvertüre überziehen. Etwas antrocknen lassen. „Dominosteine“ darauflegen. Trocknen lassen.

ZUBEREITUNGSZEIT ca. 1 Std.
BACKZEIT ca. 25 Min.
AUSKÜHLZEIT ca. 40 Min.
STÜCK ca. 480 kcal
9 g E · 24 g F · 53 g KH

* *lassen sich prima einfrieren*

Kleine Kokosberge

ZUTATEN FÜR CA. 50 STÜCK

- 2 frische Eiweiß (Gr. M)
- Salz
- 100 g Zucker
- 1 Päckchen Vanillin-Zucker
- 125 g Kokosraspel
- 1 leicht gehäufter EL Mehl
- ca. 50 g dunkle Kuchenglasur (Beutel)
- Backpapier

1 2 Backbleche mit Backpapier auslegen. Eiweiß und 1 Prise Salz steif schlagen. Zucker und Vanillin-Zucker unter weiterem Schlagen einrieseln lassen. Weiterschlagen, bis er ganz gelöst ist. Kokosraspel und Mehl unterheben.

2 Masse in 1 Spritzbeutel (mit mittelgroßer Lochtülle) füllen, Berge (ca. 3 cm Ø) auf die Bleche spritzen. Im vorgeheizten Backofen (E-Herd: 175 °C/Umluft: 150 °C/Gas: Stufe 2) ca. 10 Minuten backen. Auskühlen lassen.

3 Glasur ca. 10 Minuten im heißen Wasserbad (s. auch Packungsanweisung) schmelzen. In eine Schale füllen. Kokosberge mit der Spitze eintauchen. Trocknen lassen.

ZUBEREITUNGSZEIT ca. 30 Min.
BACKZEIT PRO BLECH ca. 10 Min.
AUSKÜHLZEIT ca. 20 Min.
STÜCK ca. 20 kcal
0 g E · 1 g F · 3 g KH

Eine luftig-leichte Versuchung

Klassisch wie von Oma oder mal ganz modern – von diesem süßen Schaumgebäck können Naschkatzen nie genug kriegen

Cappuccino-Nüsse

ZUTATEN FÜR CA. 50 STÜCK

- 3 frische Eiweiß (Gr. M)
- Salz
- 250 g Puderzucker
- 1 Päckchen Bourbon-Vanillezucker
- 2 gehäufte TL Espresso-Pulver (Instant)
- 350 g gemahlene Mandeln (mit Haut)
- 1 EL Mehl
- ca. 50 Mandelkerne (mit Haut)
- Backpapier

1 2 Backbleche mit Backpapier auslegen. Eiweiß und 1 Prise Salz steif schlagen. Puderzucker und Vanillezucker unter weiterem Schlagen nach und nach einrieseln lassen. Ca. ¼ von dem Baiser abnehmen und beiseite stellen.

2 Espresso-Pulver, gemahlene Mandeln und Mehl unter den Rest Baiser heben. Mit 2 Teelöffeln daraus walnussgroße Kugeln formen, auf die Bleche setzen.

3 Mit 1 Teelöffel auf jede Kugel einen kleinen Klecks vom übrigen Baiser geben. Je 1 Mandel darauflegen. Ca. 2 Stunden bei Raumtemperatur trocknen lassen.

4 Cappuccino-Nüsse im vorgeheizten Backofen (E-Herd: 150 °C/Umluft: 125 °C/Gas: Stufe 1) ca. 25 Minuten backen. Auskühlen lassen.

ZUBEREITUNGSZEIT ca. 45 Min.
BACKZEIT PRO BLECH 20–25 Min.
TROCKENZEIT ca. 2 Std.
STÜCK ca. 70 kcal
2 g E · 4 g F · 6 g KH

Feigen-Nuss-Busserln

ZUTATEN FÜR CA. 50 STÜCK

- 150 g Walnusskerne
- 3 frische Eiweiß (Gr. M)
- Salz • 150 g Zucker
- 50 g Mehl
- 150 g Zartbitter-Kuvertüre
- 75 g Schlagsahne
- je 150 g getrocknete Feigen und Aprikosen
- Backpapier

1 2 Backbleche mit Backpapier auslegen. Nüsse mahlen. Eiweiß und 1 Prise Salz steif schlagen. Unter weiterem Schlagen Zucker einrieseln lassen und weiterschlagen, bis er gelöst ist. Nüsse mit Mehl mischen und darunterheben.

2 Masse in einen Spritzbeutel (mit großer) Lochtülle füllen. Flache Tuffs (ca. 4 cm Ø) auf die Backbleche spritzen. Im vorgeheizten Backofen (E-Herd: 175 °C/ Umluft: 150 °C/Gas: Stufe 2) ca. 15 Minuten backen. Auskühlen lassen.

3 Kuvertüre grob hacken. Sahne im kleinen Topf aufkochen, vom Herd ziehen. Kuvertüre darin unter Rühren schmelzen. Je 100 g Feigen und Aprikosen klein würfeln, in die Schoko-Sahne rühren. Kurz abkühlen lassen.

4 Schokomasse auf den Busserln verteilen. Je 50 g Feigen und Aprikosen in Streifen schneiden. Busserln damit verzieren und trocknen lassen.

ZUBEREITUNGSZEIT ca. 30 Min.
BACKZEIT PRO BLECH ca. 15 Min.
AUS-/ABKÜHLZEIT ca. 45 Min.
STÜCK ca. 70 kcal
1 g E · 3 g F · 8 g KH

So gelingt Eischnee

Damit Eischnee richtig steif wird, darf kein Fett oder Eigelb ins Eiweiß gelangen. Und das Eiweiß muss schön frisch und kalt sein. Deshalb: Rührbecher und Schneebesen kalt spülen. Das Eiweiß vorm Schlagen am besten ca. 10 Minuten ins Tiefkühlgerät stellen. Dann so lange schlagen, bis Sie den Eischnee mit einem Messer „schneiden" können.

Haselnuss-Makronen

ZUTATEN FÜR CA. 35 STÜCK

- 3 Eiweiß (Gr. M)
- 150 g gemahlene Haselnüsse
- 175 g Zucker
- 2 Päckchen Vanillin-Zucker
- Salz
- 1 leicht gehäufter EL Mehl
- 2 EL Johannisbeer-Gelee
- 2 EL Erdbeer-Konfitüre
- Puderzucker zum Bestäuben
- Backpapier
- 2 kleine Gefrierbeutel

1 Eiweiß, Nüsse, Zucker, Vanillin-Zucker und 1 Prise Salz im mittelgroßen Topf verrühren. Bei mittlerer Hitze unter ständigem Rühren ca. 15 Minuten erwärmen (nicht kochen!), bis die Masse dickcremig ist. Mehl unterrühren und kurz mitrösten. Ca. 15 Minuten kalt stellen.

2 2 Backbleche mit Backpapier auslegen. Makronenmasse in einen Spritzbeutel (mit großer Sterntülle) füllen. Auf die Backbleche ca. 35 Rosetten (ca. 3 cm Ø) spritzen. Mit dem Kochlöffelstiel Mulden hineindrücken, dabei den Stiel immer wieder in kaltes Wasser tauchen. Im vorgeheizten Backofen (E-Herd: 175 °C/Umluft: 150 °C/Gas: Stufe 2) ca. 10 Minuten backen. Auskühlen lassen.

3 Gelee und Konfitüre getrennt erwärmen. In je 1 Gefrierbeutel füllen, eine kleine Ecke abschneiden. Die Hälfte der Makronen mit Gelee, die andere Hälfte mit Konfitüre füllen. Mit Puderzucker bestäuben.

ZUBEREITUNGSZEIT ca. 1 Std.
KÜHLZEIT ca. 15 Min.
BACKZEIT PRO BLECH ca. 10 Min.
AUSKÜHLZEIT ca. 45 Min.
STÜCK ca. 60 kcal
1 g E · 3 g F · 8 g KH

Marzipan-Schoko-Stängli

ZUTATEN FÜR CA. 32 STÜCK

- ½ Zwieback
- 2 frische Eiweiß (Gr. M)
- Salz
- 125 g Puderzucker
- 250 g kalte Marzipan-Rohmasse
- 1 gestrichener EL (10 g) Mehl
- 100 g Zartbitter-Kuvertüre
- Backpapier

1 Zwieback fein reiben. 2 Backbleche mit Backpapier auslegen. Eiweiß und 1 Prise Salz steif schlagen. Weiterschlagen, dabei Puderzucker einrieseln.

2 Marzipan nach und nach grob auf den Eischnee raspeln, jeweils unterheben. Zwiebackbrösel und Mehl darunterheben. In einen Spritzbeutel (mit mittelgroßer Sterntülle) füllen. Ca. 32 fingerlange Streifen auf die Bleche spritzen.

3 Im vorgeheizten Backofen (E-Herd: 175 °C/Umluft: 150 °C/Gas: Stufe 2) ca. 15 Minuten backen. Auskühlen.

4 Kuvertüre grob hacken und im heißen Wasserbad schmelzen. Stängli mit der Unterseite hineintauchen. Abtropfen und trocknen lassen.

ZUBEREITUNGSZEIT ca. 40 Min.
BACKZEIT PRO BLECH ca. 15 Min.
AUSKÜHLZEIT ca. 30 Min.
STÜCK ca. 80 kcal
1 g E · 4 g F · 9 g KH

Baiser-Küsschen

ZUTATEN FÜR CA. 25 STÜCK

- 1 frisches Eiweiß (Gr. M)
- Salz
- 50 g Zucker
- 1 Päckchen Vanillin-Zucker
- rote Speisefarbe
- Zuckerperlen (z. B. goldene)
- Backpapier

1 Ein Blech mit Backpapier auslegen. Eiweiß und 1 Prise Salz steif schlagen. Zucker und Vanillin-Zucker einrieseln, dabei weiterschlagen, bis alles gelöst ist. Die Hälfte Eischnee rosa färben.

2 Eischnee in einen Spitzbeutel (mit Sterntülle) füllen und Rosetten (ca. 4 cm Ø) auf das Blech spritzen. Jeweils 1 Zuckerperle daraufsetzen. Im vorgeheizten Backofen(E-Herd: 125° C/Umluft: 100 °C/Gas: Stufe 1) ca. 3 Stunden (Gas: ca. 2 Stunden) trocknen. Ofen dabei einen Spalt offen lassen (Kochlöffel dazwischen stecken).

ZUBEREITUNGSZEIT ca. 25 Min.
TROCKENZEIT ca. 3 Std.
STÜCK ca. 10 kcal
0 g E · 0 g F · 2 g KH

Kokos-Stangerl

ZUTATEN FÜR CA. 30 STÜCK

- 2 frische Eiweiß (Gr. M)
- Salz
- 125 g Zucker
- 1 Päckchen Vanillin-Zucker
- 175 g Kokosraspel
- 100 g Zartbitter-Kuvertüre
- 25–40 g gemahlene Pistazien
- Backpapier

1 Ein Backblech mit Backpapier auslegen. Eiweiß und 1 Prise Salz steif schlagen. Unter weiterem Schlagen Zucker und Vanillin-Zucker einrieseln und weiterschlagen, bis sich der Zucker gelöst hat. Kokosraspel unterheben.

2 Aus der Masse mit angefeuchteten Händen Röllchen (ca. 4 cm lang, 1,5 cm Ø) formen und auf das Backblech legen. Im vorgeheizten Backofen (E-Herd: 175 °C/Umluft: 150 °C/Gas: Stufe 2) ca. 8 Minuten backen. Auskühlen lassen.

3 Kuvertüre grob hacken und im heißen Wasserbad schmelzen. Stangerl mit einem Ende in Kuvertüre, dann in Pistazien tauchen. Trocknen lassen.

ZUBEREITUNGSZEIT ca. 50 Min.
BACKZEIT ca. 8 Min.
AUSKÜHLZEIT ca. 30 Min.
STÜCK ca. 60 kcal
1 g E · 4 g F · 5 g KH

Süßes Knusperhaus

ZUTATEN FÜR 1 HAUS

- 150 g Honig
- 100 g + 2 EL Zucker
- 1 Ei + 1 frisches Eiweiß (Gr. M)
- 375 g + etwas Mehl
- 1½ TL Kakao
- 1 EL Lebkuchen-Gewürz
- 1 gehäufter TL Backpulver
- 1 EL Zitronensaft
- 250 g Puderzucker
- Süßigkeiten (z. B. Lakritzstangen und -konfekt, Schokolinsen, Weingummi usw.) zum Verzieren
- Frischhaltefolie • Backpapier

1 Honig, 100 g Zucker und 2 EL Wasser unter Rühren erhitzen, bis der Zucker gelöst ist. 10 Minuten abkühlen lassen.

2 Ei und 2 EL Zucker schaumig schlagen. Honig-Zuckersirup nach und nach unter Rühren zugießen. 375 g Mehl, Kakao, Lebkuchen-Gewürz und Backpulver mischen und auf die Honigcreme sieben. Erst mit den Knethaken des Handrührgerätes, dann kurz mit den Händen zu einem glatten Teig verkneten. In Folie wickeln und ca. 30 Minuten kalt stellen.

3 2 Backbleche mit Backpapier auslegen. Teig auf einer bemehlten Arbeitsfläche ca. 1 cm dick ausrollen. Schablonen (s. Tipp) auf den Teig legen und ausschneiden. (2 x Seitenwand, 2 x Vorderwand, 2 x Dach, 2 x Seitenteil vom Schornstein, je 1 x Vor- und Hinterteil vom Schornstein). Aus den Wänden Tür, Fenster u. Ä. ausschneiden. Teigteile auf die Bleche legen und nacheinander im vorgeheizten Backofen (E-Herd: 175 °C/Umluft: 150 °C/Gas: Stufe 2) ca. 15 Minuten goldbraun backen. Auskühlen lassen.

4 Eiweiß und Zitronensaft mit den Schneebesen des Handrührgerätes kurz schlagen. Mit Puderzucker dickcremig schlagen. Zuckerguss in einen Spritzbeutel mit kleiner Lochtülle geben. Wände und Schorstein mit Zuckerguss zusammenkleben. Ca. 1 Stunde trocknen lassen. Dach auf das Haus kleben und weitere ca. 30 Minuten trocknen lassen. Schornstein befestigen. Knusperhaus mit Süßigkeiten verzieren. Trocknen lassen.

ZUBEREITUNGSZEIT ca. 1½ Std.
KÜHLZEIT ca. 30 Min.
BACKZEIT PRO BLECH ca. 15 Min.
AB-/AUSKÜHL-/TROCKENZEIT ca. 2½ Std.

Schablonenmaße

Schneiden Sie aus dünnem Karton oder stabilem Papier Schablonen aus:
Für das Haus: 2 Seitenwände (à ca. 6,5 x 14 cm), je 1 Vorder- und Hinterwand (à ca. 6 x 6,5 x 9 cm), 2 Dachplatten (à ca. 10,5 x 17 cm).
Für den Schornstein: 2 Seitenteile (à ca. 2 x 3,5 x 5 cm), 1 Hinterwand (2 x 3,5 cm) und 1 Vorderwand (3,5 x 5 cm).

Knusper, knusper Knäuschen …

Hat hier etwa schon wer dran rumgeknuspert? Macht nichts – denn dafür ist dieses süße Naschwerk ja schließlich auch da!

Hexenhäuschen-Kekse

ZUTATEN FÜR CA. 30 STÜCK

- 150 g weiche Butter
- 100 g Zucker (z. B. brauner)
- 1 Ei (Gr. M)
- 3 EL Ahornsirup oder flüssiger Honig
- 250 g + etwas Mehl
- 50 g gemahlene Mandeln
- 2 frische Eiweiß (Gr. M)
- 250 g + etwas Puderzucker
- Backpapier
- 1 kleiner Gefrierbeutel

1 Butter und Zucker cremig rühren. Ei und Ahornsirup unterrühren. 250 g Mehl und Mandeln nach und nach mit einem Kochlöffel unterrühren. Teig zugedeckt ca. 1 Stunde kalt stellen.

2 Teig auf leicht mit Mehl bestäubter Arbeitsfläche zu bleistiftdünnen Röllchen formen. Je 3 ca. 3 cm lange Röllchen waagerecht übereinander auf 2 mit Backpapier ausgelegte Backbleche legen. Je 2 ca. 4 cm lange Röllchen als Dach darübersetzen und leicht andrücken.

3 1 Eiweiß und 1 EL Wasser verrühren. Häuschen damit bepinseln. Im vorgeheizten Backofen (E-Herd: 200 °C/Umluft: 175 °C/Gas: Stufe 3) 10–12 Minuten backen. Auf einem Kuchengitter auskühlen lassen.

4 1 Eiweiß und 250 g Puderzucker dickcremig schlagen. In einen Gefrierbeutel füllen und eine kleine Ecke abschneiden. Häuschen damit verzieren, trocknen lassen. Mit Puderzucker bestäuben.

ZUBEREITUNGSZEIT ca. 45 Min.
KÜHLZEIT ca. 1 Std.
BACKZEIT PRO BLECH 10–12 Min.
AUSKÜHLZEIT ca. 1 Std.
STÜCK ca. 130 kcal
2 g E · 5 g F · 19 g KH

Bunte Baum-Anhänger

ZUTATEN FÜR CA. 45 STÜCK

- 250 g + etwas Mehl
- 1 gestrichener TL Backpulver
- 75 g Zucker
- 1 Päckchen Vanillin-Zucker
- 1 Ei (Gr. M)
- 125 g kalte Butter
- 1 EL Kakao
- 250 g Puderzucker
- 4–5 EL Zitronensaft
- rote und grüne Speisefarbe
- Schokostreusel und Zuckerperlen zum Verzieren
- Frischhaltefolie
- Backpapier • Holzspießchen
- dünnes Schleifenband

1 250 g Mehl und Backpulver mischen. Zucker, Vanillin-Zucker, Ei und Butter in Stückchen zufügen. Erst mit den Knethaken des Handrührgerätes und dann kurz mit den Händen glatt verkneten. Teig halbieren. Unter 1 Hälfte Kakao und ca. 1 EL kaltes Wasser kneten. Beide Teige je zur Kugel formen, in Folie wickeln und ca. 1 Stunde kalt stellen.

2 2 Backbleche mit Backpapier auslegen. 1 Kugel durchkneten, auf wenig Mehl ca. ½ cm dick ausrollen. Sterne und Herzen ausstechen und mit einem Holzspießchen je 1 Loch hineinstechen. Im vorgeheizten Backofen (E-Herd: 200 °C/ Umluft: 175 °C/Gas: Stufe 3) 10–12 Minuten backen. Sofort die Löcher etwas nacharbeiten. Auskühlen lassen. Aus der 2. Kugel auf gleiche Weise weitere Plätzchen backen.

3 Puderzucker und Saft zum Guss verrühren. Je ⅓ in 3 Schälchen geben. Einen Guss mit etwas Speisefarbe rot, einen weiteren grün färben und einen Guss weiß lassen. Die Plätzchen damit bestreichen. Evtl. mit etwas andersfarbigem Guss bemalen. Mit Streuseln und Zuckerperlen verzieren. Alles trocknen lassen. Mit Schleifenband versehen.

ZUBEREITUNGSZEIT ca. 1½ Std.
KÜHLZEIT ca. 1 Std.
BACKZEIT PRO BLECH 10–12 Min.
AUSKÜHLZEIT ca. 45 Min.
STÜCK ca. 90 kcal
1 g E · 3 g F · 13 g KH

Lebkuchenhäuschen

ZUTATEN FÜR 1 HÄUSCHEN

- 1 Packung (400 g) Honig-Lebkuchenteig (Kühlregal)
- Mehl für die Arbeitsfläche
- Mandeln, Belegkirschen, Haselnüsse und bunte Zuckerperlen zum Verzieren
- 1 frisches Eiweiß (Gr. M)
- 200 g Puderzucker
- Backpapier • 1 kleiner Gefrierbeutel

1 Teig gut durchkneten und auf wenig Mehl ½ cm dick ausrollen. 2 Giebelwände ausschneiden: ca. 8 cm breit, an den Seiten 5 cm und in der Mitte 10 cm hoch. Den übrigen Teig verkneten, auf etwas Mehl ausrollen. Für Dach und Wände je 2 Quadrate (5 x 5 und 8 x 8 cm) ausschneiden.

2 Teigreste verkneten, zur Kugel formen und auf wenig Mehl zum Kreis (ca. 15 cm Ø) ausrollen. Alle Teile auf ein mit Backpapier belegtes Blech legen. Mit Wasser bestreichen. Größere Dachteile und Kreis mit Mandeln und halbierten Kirschen verzieren. Lebkuchenteile im vorgeheizten Backofen (E-Herd: 175 °C/ Umluft: 150 °C/Gas: Stufe 2) 6–8 Minuten backen. Auskühlen lassen.

3 Eiweiß und Puderzucker mit den Schneebesen des Handrührgerätes dickcremig schlagen. Guss in einen Gefrierbeutel geben und eine kleine Ecke abschneiden. Kanten der Wände damit bespritzen, auf dem Kreis zum Häuschen zusammenkleben, dabei durch Becher oder Glas abstützen. Trocknen lassen.

4 Becher entfernen und die Dachteile aufkleben. Mit übrigem Guss Türen und Fenster aufmalen. Eiszapfen an die Dachkanten spritzen. Nüsse und Zuckerperlen aufs Häuschen kleben und alles trocknen lassen.

ZUBEREITUNGSZEIT ca. 1¼ Std.
BACKZEIT 6–8 Min.
AUSKÜHLZEIT ca. 45 Min.
TROCKENZEIT ca. 2 Std.

Keks-Anhänger

ZUTATEN FÜR CA. 20 STÜCK

- 230 g + etwas Mehl
- 3 TL Kakao
- 50 g Puderzucker
- Salz
- 1 Eigelb (Gr. M)
- 125 g kalte Butter
- 75 g verschiedenfarbige Fruchtbonbons ohne Füllung (z. B. lila, gelb und grün)
- Backpapier
- evtl. Holzspießchen
- dünnes Schleifenband

1 230 g Mehl, Kakao, Puderzucker und 1 Prise Salz mischen. Eigelb und Butter in Stückchen zufügen. Erst mit den Knethaken des Handrührgerätes, dann kurz mit den Händen zu einem glatten Teig verkneten. Zugedeckt ca. 1 Stunde kalt stellen.

2 Bonbons nach Farben sortieren und getrennt im Universal-Zerkleinerer hacken. Teig auf einer mit Mehl bestäubten Arbeitsfläche ausrollen. Tannenbäume (7 x 4,5 cm) und Sterne (8,5 cm Ø) ausstechen. Die Mitte der Tannenbäume mit einem kleinen Tannen-Ausstecher (4,5 x 2,5 cm) und die der Sterne mit einem kleinen Stern (2,5 cm) ausstechen. Der entstehende Rahmen sollte mind. 1 cm breit sein. Teigreste weiterverarbeiten.

3 Kekse auf ein mit Backpapier ausgelegtes Backblech legen. In die Kekse oben, z. B. mit einem Holzspießchen, jeweils ein Loch stechen. Jeweils einige Bonbonbrösel in die Mitte der Plätzchen geben.

4 Im vorgeheizten Backofen (E-Herd: 150 °C/Umluft: 125 °C/Gas: Stufe 1) 8–10 Minuten backen. Plätzchen herausnehmen und Kekslöcher evtl. nochmals vorsichtig durchstechen. Keks-Anhänger auskühlen lassen. Bänder durchfädeln.

ZUBEREITUNGSZEIT ca. 1 Std.
KÜHLZEIT ca. 1 Std.
BACKZEIT 8–10 Min.
STÜCK ca. 120 kcal
1 g E · 6 g F · 14 g KH

Orangen-Mandel-Herzen

ZUTATEN FÜR CA. 35 STÜCK

- 50 g Marzipan-Rohmasse
- 275 g + etwas Mehl
- 150 g kalte Butter
- 125 g Zucker
- abgeriebene Schale von 1 Bio-Orange
- ½ TL Spekulatius-Gewürz
- 1 Ei + 1 frisches Eiweiß (Gr. M)
- 100 g Puderzucker
- 100 g Mandelblättchen
- evtl. Puderzucker zum Bestäuben
- Frischhaltefolie
- Backpapier • Holzspießchen

1 Marzipan grob raspeln. 275 g Mehl, Butter in Stückchen, Zucker, Marzipan, Orangenschale, Gewürz und 1 Ei erst mit den Knethaken des Handrührgerätes, dann kurz mit den Händen zu einem glatten Teig verarbeiten. Teig in Folie wickeln und ca. 30 Minuten kalt stellen.

2 Eiweiß steif schlagen, dabei zum Schluss Puderzucker einrieseln lassen. 2 Backbleche mit Backpapier auslegen und mit Mandelblättchen bestreuen. Den Mürbeteig auf wenig Mehl 2–3 mm dick ausrollen. Zwei unterschiedliche Herzgrößen (ca. 5,5 cm und 7 cm Höhe) ausstechen und auf die Backbleche legen, andrücken.

3 Oben in die Herzen, z. B. mit einer kleinen Lochtülle, Löcher zum Aufhängen ausstechen. Ca. die Hälfte der Herzen mit Zuckerguss einpinseln.

4 Herzen nacheinander im vorgeheizten Backofen (E-Herd: 175 °C/Umluft: 150 °C/Gas: Stufe 2) 12–14 Minuten backen. Die Löcher sofort nach dem Backen mit einem Holzspießchen nacharbeiten. Auf einem Kuchengitter auskühlen lassen. Mit Puderzucker bestäuben.

ZUBEREITUNGSZEIT ca. 1 Std.
KÜHLZEIT ca. 30 Min.
BACKZEIT PRO BLECH 12–14 Min.
STÜCK ca. 110 kcal
2 g E · 6 g F · 13 g KH

Extra-Tipp

Sie lieben's bunt? Einfach den Zuckerguss teilen und jeweils mit ein paar Tropfen Speisefarbe zart einfärben.

Knusperhäuschen im Schnee

ZUTATEN FÜRS HAUS UND DIE FIGUREN

- 150 g flüssiger Honig
- 100 g + 2 EL Zucker
- 3 frische Eier (Gr. M)
- 375 g Mehl
- 1½ TL Kakao
- 1½ TL Lebkuchen-Gewürz
- 1 gehäufter TL Backpulver
- Fett und Mehl fürs Blech
- 400 g + etwas Puderzucker
- 100 g + etwas Mandelstifte
- 100 g Mandelblättchen
- 1 Packung (100 g) Gebäckschmuck
- ca. 3 EL Mandelkerne (mit Haut)
- evtl. Borkenschokolade zum Verzieren
- 1 Einweg-Spritzbeutel oder 1 mittelgroßer Gefrierbeutel

1 Honig, 100 g Zucker und 2 EL Wasser unter Rühren erwärmen, bis alles gelöst ist. Ca. 10 Minuten abkühlen lassen. 2 Eier trennen. 2 Eigelb, 1 Ei und 2 EL Zucker cremig schlagen. Honig einrühren. Mehl, Kakao, Gewürz und Backpulver mischen, zufügen. Erst mit den Knethaken des Handrührgerätes, dann kurz mit den Händen unterkneten.

2 Backblech fetten, mit Mehl bestäuben. Teig darauf ausrollen. Im vorgeheizten Backofen (E-Herd: 175 °C/Umluft: 150 °C/ Gas: Stufe 2) ca. 20 Minuten backen. Ca. 5 Minuten abkühlen. 1 Rechteck (21 x 30 cm) und 2 Dreiecke (ca. 13 cm hoch) mit je 15 cm langen Seiten ausschneiden. Aus 1 Dreieck eine Tür (ca. 3 x 5 cm) ausschneiden. Rechteck 1x quer teilen. Aus Rest Figuren ausstechen. Auskühlen.

3 2 Eiweiß und 400 g Puderzucker dickcremig schlagen. Hälfte in den Spritzbeutel füllen. Rest Guss mit 1–2 EL Wasser verrühren. Dächer damit bestreichen. Mit je 100 g Mandelstiften und -blättchen bestreuen. Die Figuren mit dem Guss bestreichen und mit Gebäckschmuck verzieren. 1–2 Stunden trocknen lassen.

4 Die Spitze vom Einweg-Spritzbeutel bzw. eine kleine Ecke vom Gefrierbeutel abschneiden. Guss auf die Unterseiten der Dächer und jeweils auf die oberen 2 Dreieckseiten spritzen. Das Häuschen zusammenkleben. Als Stütze evtl. einen umgedrehten Becher oder ein Glas darunterstellen. Den Spritzbeutel (z. B. mit Gummiband) verschließen. Das Häuschen gut trocknen lassen.

5 Mit übrigem Guss Zapfen auf Dachfirst und Giebel spritzen. Mandelkerne auf den Dachfirst setzen. Mit Rest Guss Fenster und Tür-Verzierungen aufmalen. Die Tür ans Häuschen und evtl. 1 Hahn aufs Dach kleben. Trocknen lassen. Schokolade als Holzscheite, Mandelstifte als Stroh und die verzierten Figuren rund ums Knusperhäuschen anordnen. Zuletzt alles mit Puderzucker „einschneien“.

ZUBEREITUNGSZEIT ca. 2¾ Std.
BACKZEIT ca. 20 Min.
AUSKÜHL-/TROCKENZEIT ca. 4 Std.

Marzipan-Nikolausstiefel

ZUTATEN FÜR CA. 18 STÜCK

- 100 g Marzipan-Rohmasse
- 200 g weiche Butter
- 80 g Zucker
- 250 g + etwas Mehl
- Salz
- 250 g Puderzucker
- 1 frisches Eiweiß (Gr. M)
- etwas Kakao
- roter und grüner Dekorzucker
- grüne und rote Speisefarbe
- Frischhaltefolie
- Backpapier
- 1 kleiner Gefrierbeutel

1 Marzipan grob raspeln. Butter und Zucker zufügen und mit den Schneebesen des Handrührgerätes cremig rühren. 250 g Mehl und 1 Prise Salz mischen und zur Marzipancreme geben. Alles erst mit den Knethaken des Handrührgerätes, dann mit den Händen zu einem glatten Teig verkneten. In Folie wickeln und ca. 30 Minuten kalt stellen.

2 Teig auf wenig Mehl dünn ausrollen. Mit einem Plätzchenausstecher oder einer selbst gemachten Schablone ca. 8 kleine (5 x 5 cm) und 10 große (8 x 8 cm) Stiefel ausstechen bzw. schneiden. Plätzchen auf 2 mit Backpapier ausgelegte Backbleche legen und, z. B. mit einer kleinen Lochtülle, Löcher zum Aufhängen ausstechen.

3 Die Stiefel im vorgeheizten Backofen (E-Herd: 175 °C/Umluft: 150 °C/Gas: Stufe 2) 10–12 Minuten backen. Die Löcher sofort nach dem Backen nacharbeiten. Die Stiefel auf einem Kuchengitter auskühlen lassen.

4 Für den Guss Puderzucker und Eiweiß glatt rühren. 2 EL abnehmen. 1 EL mit Kakao dunkel färben, in einen Gefrierbeutel füllen. Mit dem weißen Guss den oberen Rand des Stiefelschaftes bestreichen. Mit Dekorzucker bestreuen. Antrocknen lassen.

5 Restlichen Guss halbieren, eine Hälfte rot, die andere grün einfärben. Rest der Stiefel rot bzw. grün einstreichen. Antrocknen lassen. Mit dem braunen Guss Sohlen und Schnürsenkel aufmalen. Trocknen lassen.

ZUBEREITUNGSZEIT ca. 1 Std.
KÜHLZEIT ca. 30 Min.
BACKZEIT PRO BLECH 10–12 Min.
AUSKÜHL-/TROCKENZEIT ca. 1 Std.
STÜCK ca. 230 kcal
2 g E · 11 g F · 30 g KH

Weihnachtskränzchen mit Nüssen & Früchten

ZUTATEN FÜR CA. 36 STÜCK

- 50 g gemahlene Haselnüsse
- 250 g + etwas Mehl
- 75 g Zucker • Salz
- 150 g kalte Butter
- 1 Ei + 1 frisches Eiweiß (Gr. M)
- 3–4 EL Kondensmilch
- 3 EL (30 g) Pistazienkerne
- ca. 50 g rote Belegkirschen
- ca. 50 g getrocknete Aprikosen
- ca. 40 g kandierte Ananas
- 175 g Puderzucker • 1 TL Zitronensaft
- ca. 30 g Haselnüsse
- ca. 50 g Mandelkerne
- 10–15 g gemahlene Pistazienkerne
- Frischhaltefolie • Backpapier
- Schleifenband

1 Gemahlene Nüsse in einer Pfanne ohne Fett rösten, auskühlen lassen. 250 g Mehl, Haselnüsse, Zucker, 1 Prise Salz, Butter und 1 Ei erst mit den Knethaken des Handrührgerätes, dann kurz mit den Händen zum glatten Teig verkneten. In Folie ca. 1 Stunde kühl stellen.

2 Teig auf einer bemehlten Arbeitsfläche ca. 3 mm dick ausrollen und mit einem Ausstecher (ca. 7 cm Ø; innerer Kreis ca. 2 cm Ø) kleine Kränze ausstechen. Auf 2 mit Backpapier belegte Bleche legen.

3 Kränze mit Kondensmilch bestreichen. Nacheinander im vorgeheizten Backofen (E-Herd: 200 °C/Umluft: 175 °C/ Gas: Stufe 3) ca. 10 Minuten backen. Auskühlen lassen.

4 Pistazien halbieren. Belegkirschen ebenfalls halbieren oder in Spalten schneiden. Aprikosen in Spalten, Ananas in Stifte schneiden.

5 Puderzucker, Zitronensaft und Eiweiß mit den Schneebesen des Handrührgerätes glatt verrühren. Kränze damit bestreichen und mit den vorbereiteten Früchten, Nüssen und den gemahlenen Pistazien verzieren. Gut trocknen lassen. Mit Schleifenband versehen.

ZUBEREITUNGSZEIT ca. 1½ Std.
KÜHLZEIT ca. 1 Std.
BACKZEIT PRO BLECH ca. 10 Min.
STÜCK ca. 130 kcal
2 g E · 7 g F · 15 g KH

Honigkuchen vom Blech

ZUTATEN FÜR CA. 24 STÜCKE

- Fett und Mehl für die Form
- 400 g flüssiger Honig
- 100 g dunkler Zuckerrüben-Sirup
- 200 g Butter/Margarine
- 4 Eier (Gr. M)
- 225 g brauner Grümmel-Kandis
- 50 g brauner Zucker
- 1 Päckchen Vanillin-Zucker
- 750 g Mehl
- 1 Päckchen Backpulver
- 2 EL Lebkuchen-Gewürz
- 400 g weiße Kuvertüre
- 25 g weißes Plattenfett (z. B. Palmin)
- 50 g Zartbitter-Kuvertüre
- rote Belegkirschen und gemahlene Pistazien zum Verzieren
- 1 Einweg-Spritzbeutel oder Gefrierbeutel

1 Die Fettpfanne des Backofens fetten und mit Mehl ausstäuben. Honig, Sirup und Fett in einem Topf schmelzen, lauwarm abkühlen lassen. Eier, Kandis, Zucker und Vanillin-Zucker mit den Schneebesen des Handrührgerätes dickschaumig schlagen. Honigmasse unterrühren. Mehl, Backpulver und Lebkuchen-Gewürz mischen, nach und nach kurz unterrühren.

2 Teig in die Fettpfanne geben und glatt streichen. Im vorgeheizten Backofen (E-Herd: 175 °C/Umluft: 150 °C/Gas: Stufe 2) 25–35 Minuten backen. Auf einem Kuchengitter auskühlen lassen.

3 Weiße Kuvertüre grob hacken. Mit Plattenfett im heißen Wasserbad schmelzen. Kuvertüre auf den Kuchen gießen und glatt streichen. An einem kühlen Ort trocknen lassen.

4 Zartbitter-Kuvertüre grob hacken, im heißen Wasserbad schmelzen. In den Einweg-Spritzbeutel füllen. Belegkirschen halbieren. Kuchen in Stücke schneiden. Mit Schokolade, Kirschen und Pistazien verzieren. Trocknen lassen.

ZUBEREITUNGSZEIT ca. 1¼ Std.
BACKZEIT 25–35 Min.
AUSKÜHL-/TROCKENZEIT ca. 2 Std.
STÜCK ca. 410 kcal
6 g E · 16 g F · 60 g KH

✱ lässt sich prima einfrieren

Mmh, wie das duftet!

Wenn’s im Haus herrlich nach Anis, Zimt & Co. riecht, dann backen Sie bestimmt gerade köstlichen Honig- oder Lebkuchen!

Marzipan-Schoko-Herzen

ZUTATEN FÜR CA. 10 STÜCK

- 250 g + etwas Mehl
- 50 g gemahlene Mandeln
- 1 TL Natron
- 75 g Zucker • Salz
- 2 TL Lebkuchen-Gewürz
- 75 g kalte Butter
- 150 g dunkler Zuckerrüben-Sirup
- 1 Ei (Gr. M)
- 100 g Himbeer-Konfitüre
- 300 g Marzipan-Rohmasse
- 100 g Puderzucker
- je 200 g Zartbitter- und Vollmilch-Kuvertüre
- 50 g weiße Kuvertüre
- rote Belegkirschen zum Verzieren
- Backpapier • Frischhaltefolie

1 250 g Mehl, Mandeln, Natron, Zucker, 1 Prise Salz, Gewürz, Butter in Stückchen, Sirup und Ei erst mit den Knethaken des Handrührgerätes, dann kurz mit den Händen glatt verkneten. Zugedeckt ca. 1 Stunde kalt stellen.

2 2 Backbleche mit Backpapier auslegen. Teig auf wenig Mehl ca. 1½ cm dick ausrollen. Ca. 10 Herzen (ca. 8 cm Ø) ausstechen. Mit genügend Abstand (gehen bis ca. 10 cm Ø auf) auf die Bleche legen. Im vorgeheizten Ofen (E-Herd: 200 °C/Umluft: 175 °C/Gas: Stufe 3) ca. 12 Minuten backen. Auskühlen lassen.

3 Konfitüre erwärmen. Herzen dünn damit bestreichen. Marzipan grob raspeln und mit Puderzucker verkneten. Zwischen 2 Lagen Folie ca. ½ cm dick ausrollen, ca. 10 Herzen in Größe der Lebkuchen-Herzen ausstechen. Je 1 Marzipan-Herz auf 1 Kuchen legen.

4 Zartbitter- und Vollmilch-Kuvertüre grob hacken und im heißen Wasserbad schmelzen. Herzen damit überziehen und trocknen lassen.

5 Weiße Kuvertüre hacken, im heißen Wasserbad schmelzen. Herzen damit und mit Belegkirschen verzieren. Trocknen lassen.

ZUBEREITUNGSZEIT ca. 1¾ Std.
KÜHL-/AUSKÜHLZEIT ca. 2½ Std.
BACKZEIT PRO BLECH ca. 12 Min.
TROCKENZEIT ca. 1 Std.
STÜCK ca. 720 kcal
10 g E · 33 g F · 91 g KH

Lebkuchen-Igele

ZUTATEN FÜR CA. 42 STÜCK

- 125 g Zitronat
- 2 Eier (Gr. M)
- 200 g Puderzucker
- 1 TL Zimt
- 1 TL Lebkuchen-Gewürz
- Salz
- 225 g gemahlene Mandeln (mit Haut)
- 50 g gemahlene Haselnüsse
- 1 Msp. Backpulver
- ca. 42 Back-Oblaten (50 mm Ø)
- 75 g Mandelstifte
- je 100 g weiße und Zartbitter-Kuvertüre

1 Zitronat fein hacken. Eier, Puderzucker, Zimt, Gewürz und 1 Prise Salz mind. 5 Minuten schaumig schlagen. Mandeln, Nüsse und Backpulver mischen, kurz unterrühren. Zitronat unterrühren. Ca. 30 Minuten kalt stellen.

2 Oblaten auf 2 Backbleche legen. Teig mithilfe von 2 Teelöffeln als walnussgroße Häufchen darauf verteilen, etwas flach drücken. Mandelstifte igelförmig hineinstecken. Im vorgeheizten Backofen (E-Herd: 150 °C/Umluft: 125 °C/Gas: Stufe 1) ca. 25 Minuten backen. Im ausgeschalteten Ofen ca. 5 Minuten ruhen lassen. Auskühlen lassen.

3 Weiße und dunkle Kuvertüre grob hacken. Getrennt im heißen Wasserbad schmelzen. Jeweils die Hälfte Igele mit weißer bzw. Zartbitter-Kuvertüre überziehen. Trocknen lassen.

ZUBEREITUNGSZEIT ca. 45 Min.
KÜHLZEIT ca. 30 Min.
BACKZEIT PRO BLECH ca. 25 Min.
AUSKÜHLZEIT ca. 1 Std.
STÜCK ca. 110 kcal
2 g E · 7 g F · 10 g KH

Kleine Mandel-Lebkuchen

ZUTATEN FÜR CA. 55 STÜCKE

- 4 Eier (Gr. M)
- Salz
- 200 g Zucker
- 350 g fein gemahlene Mandeln
- 1 leicht gehäufte TL Backpulver
- 1 TL Lebkuchen-Gewürz
- 100 g Vollmilch-Kuvertüre
- Puderzucker zum Bestäuben
- Backpapier

1 Eier, 1 Prise Salz und Zucker sehr schaumig schlagen. Mandeln, Backpulver und Gewürz mischen, unterheben. Auf ein mit Backpapier ausgelegtes Blech (ca. 35 x 40 cm) streichen. Im vorgeheizten Backofen (E-Herd: 175 °C/Umluft: 150 °C/ Gas: Stufe 2) ca. 15 Minuten backen.

2 Lebkuchen stürzen und das Backpapier abziehen. In ca. 55 Stücke schneiden und auskühlen lassen. Kuvertüre grob hacken und im heißen Wasserbad schmelzen. Lebkuchen damit verzieren und trocknen lassen. Mit Puderzucker bestäuben.

ZUBEREITUNGSZEIT ca. 20 Min.
BACKZEIT ca. 15 Min.
AUSKÜHLZEIT ca. 1 Std.
STÜCK ca. 80 kcal
2 g E · 5 g F · 5 g KH

* *lassen sich prima einfrieren*

Hätten Sie's gewusst?

Lebkuchen erhält sein typisches Aroma durch eine spezielle Mischung aus weihnachtlichen Gewürzen: Anis, Ingwer, Kardamom, Koriander, Muskat, Nelken, Piment, Zimt und Zitrusschale. In Pfefferkuchen steckt – wie der Name schon sagt – zusätzlich gemahlener Pfeffer. Honigkuchen enthält daneben Bienenhonig und dunkel färbenden Zuckerrüben-Sirup oder Kandis.

Schoko-Gewürz-Kranz

ZUTATEN FÜR CA. 20 STÜCKE

- 250 g gemahlene Haselnüsse
- 300 g Lebkuchen-Herzen mit Schokolade (ungefüllt)
- Fett und Mehl für die Form
- 7 Eier (Gr. M)
- 200 g weiche Butter
- 75 g + 100 g Zucker
- 1½–2 EL Lebkuchen-Gewürz
- 2½ EL flüssiger Honig
- 100 ml Rum (40 %)
- Salz
- 400 g Zartbitter-Kuvertüre
- 35–40 Mandelkerne (ohne Haut)
- 1–2 EL Pistazienkerne
- ca. 10 rote Belegkirschen

1 Nüsse ohne Fett rösten, auskühlen lassen. Lebkuchen würfeln, dann mit Händen fein zerbröseln. Springform mit Rohrbodeneinsatz (26 cm Ø; ca. 7,5 cm hoch) fetten und mit Mehl ausstäuben.

2 Eier trennen. Butter, 75 g Zucker und Gewürz ca. 5 Minuten cremig rühren. Eigelb einzeln, dann Honig unterrühren. Nüsse und Lebkuchen-Brösel mischen, im Wechsel mit dem Rum unterrühren. Eiweiß und 1 Prise Salz steif schlagen. Unter weiterem Schlagen 100 g Zucker einrieseln lassen. Weiterschlagen, bis sich der Zucker ganz gelöst hat. Ca. ¼ Eischnee unter den Teig rühren, restlichen Eischnee portionsweise darunterheben.

3 Im vorgeheizten Backofen (E-Herd: 175 °C/Umluft: 150 °C/Gas: Stufe 2) ca. 1¼ Stunden backen (nach ca. 50 Minuten abdecken). Ca. 20 Minuten in der Form abkühlen lassen. Dann stürzen und ganz auskühlen lassen.

4 Kuvertüre grob hacken und im heißen Wasserbad schmelzen. Kranz damit überziehen. Ca. 15 Minuten antrocknen lassen. Mandeln, Pistazien und Belegkirschen halbieren. Kranz damit verzieren. Trocknen lassen.

ZUBEREITUNGSZEIT ca. 1 Std.
BACKZEIT ca. 1¼ Std.
AUSKÜHL-/TROCKENZEIT 2–3 Std.
STÜCK ca. 430 kcal
7 g E · 28 g F · 31 g KH

** lässt sich prima einfrieren*

Lebkuchen-Herzen

ZUTATEN FÜR 16 STÜCK

- 8 rechteckige Back-Oblaten (122 x 202 mm)
- je 50 g Zitronat und Orangeat
- 4 Eier (Gr. M)
- 250 g Zucker • Salz
- 1½ TL gemahlener Kardamom
- je ½ TL gemahlene Nelken und Muskatblüten
- 1 EL Zimt
- 1 Msp. Hirschhornsalz
- 3 EL Milch
- 250 g Mehl
- 100 g Mandelblättchen
- 3 EL (30 g) Pistazienkerne
- ca. 75 g Mandelkerne (ohne Haut)
- ca. 50 g rote Belegkirschen
- 200 g Puderzucker
- 2 EL Zitronensaft
- 250 g Zartbitter-Kuvertüre
- evtl. weihnachtliche Glanzbilder und Schleifenband zum Verzieren
- Backpapier

1 Aus jeder Oblate 2 Herzen (je ca. 11 cm breit) ausschneiden. Zitronat und Orangeat hacken. Eier, Zucker, 1 Prise Salz und Gewürze ca. 5 Minuten schaumig schlagen. Hirschhornsalz in 1 EL Milch auflösen und darunterschlagen. Erst Mehl, dann Zitronat, Orangeat und Mandelblättchen unterheben.

2 Oblatenherzen auf 2 mit Backpapier ausgelegte Backbleche legen. Teig daraufstreichen, dabei je ca. ½ cm Rand frei lassen. Nacheinander im vorgeheizten Backofen (E-Herd: 175 °C/Umluft: 150 °C/Gas: Stufe 2) 12–15 Minuten backen. Sofort mit einer Lochtülle ein Loch ausstechen. Auskühlen lassen.

3 Pistazien, Mandeln und Kirschen halbieren. Puderzucker, Saft, 2 EL Milch und 1–2 EL heißes Wasser glatt rühren. Kuvertüre grob hacken und im heißen Wasserbad schmelzen. Je 8 Herzen mit Kuvertüre bzw. Guss überziehen. Mit Glanzbildern, Pistazien, Mandeln und Kirschen verzieren. Trocknen lassen. Mit Schleifenband versehen.

ZUBEREITUNGSZEIT ca. 1 Std.
BACKZEIT PRO BLECH 12–15 Min.
AUSKÜHLZEIT ca. 1 Std.
STÜCK ca. 350 kcal
6 g E · 12 g F · 53 g KH

Holländischer Honigkuchen

ZUTATEN FÜR CA. 16 SCHEIBEN

- Fett für die Form
- 100 g Zartbitter-Schokolade
- 2 Eier (Gr. M)
- 250 g flüssiger Honig
- ½ TL Zimt
- je 1 Msp. gemahlene Gewürznelken und Kardamom
- 250 g Mehl
- 2 TL Backpulver
- je 100 g gehackte Haselnüsse und Mandeln
- 125 g brauner Grümmel-Kandis

1 Eine Kastenform (30 cm lang; ca. 2 l Inhalt) fetten. Schokolade grob raspeln. Eier, Honig und Gewürze mit den Schneebesen des Handrührgerätes verrühren. Mehl, Backpulver und Schokolade mischen und kurz unterrühren. Nüsse, Mandeln und Kandis unterheben.

2 Teig in die Form füllen, glatt streichen. Im vorgeheizten Backofen (E-Herd: 175 °C/Umluft: 150 °C/Gas: Stufe 2) 50–60 Minuten backen. Evtl. gegen Ende der Backzeit abdecken. Auf ein Kuchengitter stürzen und auskühlen lassen.

ZUBEREITUNGSZEIT ca. 20 Min.
BACKZEIT 50–60 Min.
SCHEIBE ca. 250 kcal
5 g E · 10 g F · 34 g KH

* *lässt sich prima einfrieren*

Lebkuchen-Walnuss-Taler

ZUTATEN FÜR CA. 80 STÜCK

- 75 g Walnusskerne
- 375 g flüssiger Honig
- 100 g Butter/Margarine
- 500 g + etwas Mehl
- 1 Päckchen Backpulver
- 125 g gehackte Mandeln
- je 100 g Orangeat und Zitronat
- 2 EL Lebkuchen-Gewürz
- je 250–300 g weiße und Vollmilch-Kuvertüre
- ca. 25 g gehackte Pistazien
- ca. 50 g Mandelkerne (z. B. ohne Haut)
- Backpapier

1 Nüsse hacken. Honig und Fett unter Rühren bei mittlerer Hitze erwärmen, bis alles gelöst ist. Ca. 10 Minuten abkühlen lassen. 500 g Mehl, Backpulver, gehackte Mandeln und Nüsse, Orangeat, Zitronat und Gewürz mischen. Honigmasse darunterkneten.

2 Auf wenig Mehl ca. 8 mm dick ausrollen und Kreise (ca. 4 cm Ø) ausstechen. Auf 2 mit Backpapier ausgelegte Backbleche legen. Im vorgeheizten Backofen (E-Herd: 200 °C/Umluft: 175 °C/Gas: Stufe 3) ca. 10 Minuten backen. Auf einem Kuchengitter auskühlen lassen.

3 Kuvertüren grob hacken und getrennt im heißen Wasserbad schmelzen. Hälfte Lebkuchen in weiße Kuvertüre tauchen und mit Pistazien bestreuen. Die andere Hälfte in Vollmilch-Kuvertüre tauchen und mit Mandeln verzieren. Trocknen lassen.

ZUBEREITUNGSZEIT ca. 1 Std.
BACKZEIT PRO BLECH ca. 10 Min.
AUSKÜHLZEIT ca. 1 Std.
STÜCK ca. 100 kcal
2 g E · 5 g F · 12 g KH

So wird's feiner

Fertig gewürfelte Sukkade (Zitronat) und Orangeat ist für Plätzchen meist zu grob. Deshalb am besten noch etwas kleiner hacken.

Mandel-Gewürz-Plätzchen

ZUTATEN FÜR CA. 30 STÜCK

- 125 g gemahlene Mandeln (mit Haut)
- 125 g + etwas Mehl
- 1 gestrichener TL Backpulver
- 2 gestrichene EL (20 g) Kakao
- 1 TL Pfefferkuchen-Gewürz
- 80 g kalte Butter/Margarine
- 1 Ei (Gr. M)
- 100 g Zucker
- 3 EL Mandelblättchen
- Backpapier

1 Gemahlene Mandeln, 125 g Mehl, Backpulver, Kakao und Pfefferkuchen-Gewürz mischen. Fett in Stückchen, Ei und Zucker zufügen. Erst mit den Knethaken des Handrührgerätes, dann kurz mit den Händen glatt verkneten. Zugedeckt ca. 30 Minuten kalt stellen.

2 Teig auf wenig Mehl ca. 4 mm dick zu einem Quadrat (ca. 30 x 30 cm) ausrollen. Daraus mit einem Teigrädchen 30 gleich große rechteckige Plätzchen (ca. 5 x 6 cm) ausradeln.

3 Mandelblättchen auf die Gewürz-Plätzchen streuen und andrücken. Plätzchen auf ein mit Backpapier ausgelegtes Backblech legen. Plätzchen im vorgeheizten Backofen (E-Herd: 200 °C/ Umluft: 175 °C/Gas: Stufe 3) 12–15 Minuten backen.

ZUBEREITUNGSZEIT ca. 45 Min.
KÜHLZEIT ca. 30 Min.
BACKZEIT 12–15 Min.
STÜCK ca. 80 kcal
2 g E · 5 g F · 7 g KH

Gewürz-Gugelhupf mit Pflaumen

ZUTATEN FÜR CA. 24 SCHEIBEN

- Fett und Paniermehl für die Form
- 2 Bio-Zitronen
- 250 g weiche Butter/Margarine
- 125 g Zucker
- 1 TL Zimt • ¼ TL gemahlene Nelken
- 4 Eier (Gr. M)
- 200 g + 1 TL Mehl
- 100 g Speisestärke
- 2 TL Backpulver
- 300 g getrocknete halbweiche Pflaumen (ohne Stein)
- 75 g Puderzucker

1 Gugelhupfform (ca. 22 cm Ø, 2,5 l Inhalt) fetten und mit Paniermehl ausstreuen. Zitronen waschen und trocken tupfen. Von 1 Zitrone Schale abreiben. Fett, Zucker, Zitronenschale und Gewürze cremig rühren. Eier einzeln unterrühren. 200 g Mehl, Stärke und Backpulver mischen, unter die Fett-Eimasse rühren. ⅓ Teig in die Form füllen.

2 Pflaumen mit 1 TL Mehl bestäuben und unter den restlichen Teig heben. In die Form streichen. Im vorgeheizten Backofen (E-Herd: 175 °C/Umluft: 150 °C/ Gas: Stufe 2) 50–60 Minuten backen. Ca. 15 Minuten abkühlen, dann stürzen und auskühlen lassen.

3 Von der 2. Zitrone Schale mit einem Juliennereißer in Streifen abziehen. ½ Zitrone auspressen. Puderzucker und 3–4 TL Zitronensaft verrühren. Kuchen damit überziehen. Zitronenstreifen darüberstreuen. Trocknen lassen.

ZUBEREITUNGSZEIT ca. 40 Min.
BACKZEIT 50–60 Min.
AUSKÜHLZEIT ca. 1 Std.
SCHEIBE ca. 190 kcal
3 g E · 10 g F · 21 g KH

Einfrier-Tipp

Der Gugelhupf lässt sich ohne Guss prima einfrieren. Dafür am besten gleich am Backtag portionsweise verpacken.

In jeder Form ein Hit

Ein einfacher Rührteig mit wenigen Extra-Zutaten aufgepeppt – schon werden Gugelhupf & Co. zum festtagstauglichen Genuss

Schokostern mit Punschpflaumen

ZUTATEN FÜR CA. 24 STÜCKE

- Fett und Mehl für die Form
- 375 g weiche Butter/Margarine
- 375 g Zucker
- 1 Päckchen Vanillin-Zucker
- Salz • 6 Eier (Gr. M)
- 375 g Mehl
- 2 gestrichene TL Backpulver
- 100 g gehackte Mandeln
- 200 ml Eierlikör
- 150 g Zartbitter-Schokolade
- 150 g Schlagsahne
- 1½ Würfel (40 g) weißes Plattenfett (z. B. Palmin)
- 1 Glas (720 ml) Pflaumen
- 1 gestrichener EL Speisestärke
- 2 Sternanis • 1 kleine Zimtstange
- Schale von ½ Bio-Orange
- Kakao zum Bestäuben

1 Stern-Napfkuchenform (ca. 2,5 l Inhalt) oder andere Napfkuchenform (ca. 2,5 l Inhalt) fetten. Mit Mehl ausstäuben. Fett, Zucker, Vanillin-Zucker und 1 Prise Salz cremig rühren. Eier einzeln unterrühren. Mehl, Backpulver und Mandeln mischen, im Wechsel mit dem Likör portionsweise kurz unterrühren. In die Form streichen. Im vorgeheizten Backofen (E-Herd: 175 °C/Umluft: 150 °C/Gas: Stufe 2) ca. 1 Stunde (in der Napfkuchenform ca. 1¼ Stunden) backen. Auskühlen lassen.

2 Schokolade in Stücke brechen. Mit Sahne und Plattenfett unter Rühren bei schwacher Hitze schmelzen. 10 Minuten abkühlen lassen, dann ca. 30 Minuten kalt stellen, bis sie dickflüssig ist. Dabei öfter umrühren. Über den Kuchen verteilen. Ca. 3 Stunden kalt stellen.

3 Pflaumen abtropfen lassen, Saft dabei auffangen. 6 EL Saft und Stärke verrühren. Rest Saft, Anis, Zimt und Orangenschale aufkochen. Stärke einrühren und kurz aufkochen. Pflaumen unterheben. Kuchen mit Kakao bestäuben. Pflaumen warm oder kalt dazureichen.

ZUBEREITUNGSZEIT ca. 1 Std.
BACKZEIT ca. 1 bzw. 1¼ Std.
AUSKÜHL-/TROCKENZEIT ca. 4½ Std.
STÜCK ca. 410 kcal
5 g E · 23 g F · 39 g KH

** lässt sich prima einfrieren*

Baileys-Torte mit Krokant

ZUTATEN FÜR CA. 16 STÜCKE

- Fett und Mehl für die Form
- 175 g weiche Butter/Margarine
- 150 g Zucker
- 1 Päckchen Vanillin-Zucker
- Salz
- 4 Eier (Gr. M)
- 300 g Mehl
- 2 gestrichene TL Backpulver
- 150 g Vollmilch-Joghurt
- 8 EL + 7 EL Baileys (Whiskey-Likör)
- 100 g Schokoraspel
- 100 g Haselnuss-Krokant
- 400 g Schlagsahne
- 2 Päckchen Sahnefestiger

1 Springform (26 cm Ø) fetten und mit Mehl ausstäuben. Fett, Zucker, Vanillin-Zucker und 1 Prise Salz cremig rühren. Eier einzeln darunterrühren. Mehl und Backpulver mischen und im Wechsel mit Joghurt und 8 EL Baileys portionsweise kurz unterrühren. Je ¾ Schokoraspel und Krokant unterheben.

2 Teig in die Form streichen. Im vorgeheizten Backofen (E-Herd: 175 °C/ Umluft: 150 °C/Gas: Stufe 2) ca. 40 Minuten backen. Auskühlen lassen.

3 Sahne steif schlagen, dabei Sahnefestiger einrieseln lassen und zum Schluss 5 EL Baileys darunterziehen. Kuchen damit einstreichen. Mit Resten Krokant und Schokoraspeln bestreuen. Kurz vorm Servieren mit 2 EL Baileys beträufeln.

ZUBEREITUNGSZEIT ca. 25 Min.
BACKZEIT ca. 40 Min.
AUSKÜHLZEIT ca. 1 Std.
STÜCK ca. 390 kcal
6 g E · 22 g F · 36 g KH

✱ lässt sich prima einfrieren

Wichtig bei Rührteig

Alle Zutaten sollten Raumtemperatur haben, das Fett muss weich sein.

Mehl und Backpulver (im Wechsel mit Milch bzw. Flüssigkeit) nur kurz unterrühren, der Teig wird sonst zäh.

Ist der Teig zu weich oder zu fest, einfach noch etwas Mehl bzw. Milch unterrühren.

Und so machen Sie die Garprobe: ein Holzstäbchen in die Mitte stecken. Klebt noch Teig daran, ca. 5 Minuten weiterbacken.

Aprikosen-Mohn-Kranz mit Mascarpone

ZUTATEN FÜR CA. 20 STÜCKE

- Fett und Paniermehl für die Form
- 150 g weiche Butter/Margarine
- 200 g + 125 g Zucker
- 2 Päckchen Vanillin-Zucker
- Salz • 5 Eier (Gr. M)
- 225 g Mehl
- 75 g Speisestärke
- 1 Päckchen Backpulver
- 5 EL Milch
- 3 Blatt weiße Gelatine
- 2 Dosen (à 425 ml) Aprikosen
- 750 g Speisequark (40 % Fett)
- 500 g Mascarpone (ital. Frischkäse)
- 1 EL Zitronensaft
- 250 g Schlagsahne
- 125 g (½ Beutel) Mohn-Back (backfertige Mohnfüllung)
- evtl. gemahlener Mohn zum Bestreuen

1 Springform mit Rohrbodeneinsatz (26 cm Ø) fetten, mit Paniermehl ausstreuen. Fett, 200 g Zucker, 1 Päckchen Vanillin-Zucker und 1 Prise Salz cremig rühren. Eier einzeln unterrühren. Mehl, Stärke und Backpulver mischen, im Wechsel mit der Milch unterrühren. In die Form streichen. Im vorgeheizten Backofen (E-Herd: 175 °C/Umluft: 150 °C/Gas: Stufe 2) 35–40 Minuten backen. Auskühlen.

2 Gelatine kalt einweichen. Kuchen 2 x waagerecht durchschneiden. Aprikosen abgießen. Quark, Mascarpone, Zitronensaft, 125 g Zucker und 1 Vanillin-Zucker verrühren. Sahne steif schlagen.

3 Gelatine ausdrücken und bei milder Hitze auflösen. 2 EL Mascarponecreme einrühren, dann unter die übrige Creme rühren. Sahne unterheben. ¼ Creme abnehmen und Mohn-Back unterheben.

4 Hälfte Mohncreme auf unteren Boden streichen. Aprikosen, bis auf 10 Hälften, darauf verteilen. Rest Mohncreme daraufstreichen. 2. Boden darauflegen, mit ⅓ Mascarponecreme bestreichen. 3. Boden darauflegen. Kranz mit Rest Creme, bis auf ca. 3 EL, einstreichen.

5 Aus Rest Aprikosen evtl. Sterne ausstechen. Kranz mit der übrigen Creme, Sternen und Mohn verzieren. Ca. 4 Stunden kalt stellen.

ZUBEREITUNGSZEIT ca. 1 Std.
BACKZEIT 35–40 Min.
AUSKÜHL-/KÜHLZEIT ca. 5 Std.
STÜCK ca. 480 kcal
10 g E · 29 g F · 41 g KH

* *lässt sich prima einfrieren*

Elch-Muffins

ZUTATEN FÜR 12 STÜCK

- 3 Eier (Gr. M)
- 175–200 g Zucker
- 1 Päckchen Vanillin-Zucker
- 175 ml Öl
- 125 g stichfeste saure Sahne
- 300 g Mehl • 2 TL Backpulver
- 3 EL Kakao
- 150 g Vollmilch-Kuvertüre
- 15 g weißes Plattenfett (z. B. Palmin)
- 50 g + etwas Puderzucker
- 1 TL Zitronensaft
- rote Speisefarbe
- hellblaue Zuckerperlen zum Verzieren
- 12–24 Papier-Backförmchen (5 cm Ø)
- Backpapier • 3 kleine Gefrierbeutel

1 Je 1–2 Papier-Backförmchen in jede Mulde einer Muffinform (für 12 Stück) stellen. Eier, Zucker, Vanillin-Zucker, Öl und saure Sahne verrühren. Mehl, Backpulver und Kakao mischen, kurz unterrühren. Teig in die Förmchen füllen. Im vorgeheizten Backofen (E-Herd: 175 °C/ Umluft: 150 °C/Gas: Stufe 2) 20–25 Minuten backen. Auskühlen lassen.

2 Kuvertüre grob hacken. Mit Plattenfett im heißen Wasserbad schmelzen. Auf Backpapier 12 Elchgeweihe (24 Schaufeln) aufzeichnen. Kuvertüre in 1 Gefrierbeutel füllen, kleine Ecke abschneiden. Elchgeweihe mit der Schokolade nachzeichnen, dann ausfüllen. Kalt stellen.

3 50 g Puderzucker und Zitronensaft zum dicken Guss verrühren. Den Guss halbieren, eine Hälfte mit Speisefarbe rot färben. Beides in je einen Gefrierbeutel füllen, kleine Ecke abschneiden. Muffins mit roten Nasen bemalen. Mit weißem Guss Augen malen und Zuckerperlen daraufsetzen. Etwas Puderzucker daraufstreuen. Alles trocknen lassen.

4 In jeden Muffin 2 Schlitze schneiden und das Elchgeweih hineinstecken. Mit Rest flüssiger Kuvertüre festkleben.

ZUBEREITUNGSZEIT ca. 1 Std.
BACKZEIT 20–25 Min.
AUSKÜHLZEIT ca. 1 Std.
KÜHL-/TROCKENZEIT ca. 1 Std.
STÜCK ca. 420 kcal
6 g E · 23 g F · 45 g KH

* *lassen sich ohne Verzierung prima einfrieren*

Marmorierter Nuss-Nougat-Kranz

ZUTATEN FÜR CA. 24 STÜCKE

- 150 g Haselnusskerne
- Fett und Mehl für die Form
- 100–200 g Nussnougat (schnittfest)
- 450 g weiche Butter/Margarine
- 250 g Zucker
- 1 Päckchen Vanillin-Zucker
- Salz • 6 Eier (Gr. M)
- 450 g Mehl
- 1 Päckchen Backpulver
- 11 EL (110 ml) Milch
- 1 gehäufter EL (15 g) Kakao
- 200 g Zartbitter-Kuvertüre
- 1 EL Öl

1 Nüsse in einer Pfanne ohne Fett rösten, die Haut in einem Sieb mit Küchenpapier abrubbeln. Nüsse auskühlen lassen. Springform mit Rohrbodeneinsatz (26 cm Ø; ca. 8 cm hoch) fetten, mit Mehl ausstäuben. Nougat grob würfeln. Nüsse grob hacken.

2 Fett, Zucker, Vanillin-Zucker und 1 Prise Salz cremig rühren. Eier einzeln unterrühren. Mehl und Backpulver mischen, im Wechsel mit 8 EL Milch kurz unterrühren. Hälfte Teig in die Form füllen. Unter die übrige Hälfte 3 EL Milch und Kakao rühren, 50 g Nüsse und Nougat unterheben. In die Form füllen.

3 Teige mit einer Gabel spiralförmig durchziehen. Im vorgeheizten Backofen (E-Herd: 175 °C/Umluft: 150 °C/Gas: Stufe 2) ca. 1 Stunde backen. In der Form ca. 10 Minuten abkühlen. Dann aus der Form lösen, ganz auskühlen lassen.

4 Kuvertüre grob hacken, mit Öl im heißen Wasserbad schmelzen und etwas abkühlen lassen. Auf dem Kranz verteilen. Rest Nüsse daraufstreuen. Trocknen.

ZUBEREITUNGSZEIT ca. 45 Min.
BACKZEIT ca. 1 Std.
AUSKÜHL-/TROCKENZEIT ca. 1½ Std.
STÜCK ca. 390 kcal
6 g E · 26 g F · 31 g KH

* *lässt sich prima einfrieren*

Macadamia-Cranberry-Cookies

ZUTATEN FÜR CA. 30 STÜCK

- 125 g geröstete Macadamia-Nüsse (gelingt auch mit gesalzenen)
- 150 g weiche Butter/Margarine
- 50 g Zucker
- 75 g brauner Zucker
- 1–2 TL Bourbon-Vanillezucker
- 1 Ei (Gr. M)
- 200 g Mehl
- ½ TL Backpulver
- 80–100 g getrocknete Cranberrys (ersatzw. Rosinen)
- Backpapier

1 Macadamia-Nüsse auf ein Geschirrtuch geben und das Salz abrubbeln. Nüsse grob hacken.

2 Fett, Zucker, braunen Zucker und Vanillezucker cremig rühren. Ei unterrühren. Mehl und Backpulver mischen, kurz unterrühren. Nüsse und Cranberrys mit einem Kochlöffel darunterrühren.

3 Mit 2 Teelöffeln ca. 30 Teighäufchen (3–4 cm Ø) auf 2 mit Backpapier ausgelegte Bleche setzen, etwas flacher drücken. Im vorgeheizten Backofen (E-Herd: 175 °C/Umluft: 150 °C/Gas: Stufe 2) ca. 20 Minuten backen. Auskühlen lassen.

ZUBEREITUNGSZEIT ca. 30 Min.
BACKZEIT PRO BLECH ca. 20 Min.
STÜCK ca. 80 kcal
1 g E · 5 g F · 8 g KH

Kaffeeküchlein „Wiener Melange“

ZUTATEN FÜR 8 STÜCK

- Fett und Mehl für die Tassen
- 3 EL (ca. 20 g) Kaffeebohnen
- 100 g Mokka- oder Zartbitter-Schokolade
- 175 g weiche Butter/Margarine
- 100 g Zucker
- 1 Päckchen Vanillin-Zucker
- Salz • 3 Eier (Gr. M)
- 200 g Mehl
- 2 gestrichene TL Backpulver
- 6 EL Milch
- 1 kleiner Gefrierbeutel

1 8 ofenfeste Tassen (à ca. 200 ml Inhalt) fetten, mit Mehl ausstäuben. Kaffeebohnen in einen Gefrierbeutel füllen, gut verschließen. Bohnen mit einer Teigrolle grob zerbröckeln.

2 Schokolade grob hacken. Die Hälfte im heißen Wasserbad schmelzen. Ca. 5 Minuten abkühlen lassen.

3 Fett, Zucker, Vanillin-Zucker und 1 Prise Salz cremig rühren. Die flüssige Schokolade nach und nach, dann Eier einzeln unterrühren. Mehl und Backpulver mischen, im Wechsel mit der Milch kurz unterrühren. Gehackte Schokolade und Kaffeebohnen unterheben.

4 Teig in die Tassen füllen. Im vorgeheizten Backofen (E-Herd: 175 °C/ Umluft: 150 °C/Gas: Stufe 2) ca. 25 Minuten backen. Auskühlen lassen. Dazu passt Schlagsahne.

ZUBEREITUNGSZEIT ca. 45 Min.
BACKZEIT ca. 25 Min.
STÜCK ca. 420 kcal
7 g E · 25 g F · 38 g KH

* *lassen sich prima einfrieren*

Extra-Tipp

Wenn Sie die Küchlein lieber im Muffinblech backen möchten: In die 12 Mulden des Blechs je 1–3 Papier-Backförmchen (ca. 5 cm Ø) stellen und den Teig gleichmäßig darauf verteilen. Nur 15–20 Minuten backen.

Birnen-Schokotorte mit Baiser

ZUTATEN FÜR CA. 16 STÜCKE

- Fett und Mehl für die Form
- 1 Dose (850 ml) Birnen
- 150 g Zartbitter-Kuvertüre
- 4 Eier (Gr. M)
- 125 g weiche Butter/Margarine
- 100 g + 125 g Zucker
- 1 Päckchen Vanillin-Zucker
- 2 TL Lebkuchen-Gewürz
- Salz • 150 g Mehl
- 50 g Speisestärke
- 1 gehäufter EL (15 g) Kakao
- ½ Päckchen Backpulver
- 3 EL Milch
- Puderzucker zum Bestäuben

1 Springform (26 cm Ø; ca. 8 cm hoch) fetten, mit Mehl ausstäuben. Birnen abtropfen lassen. Kuvertüre grob hacken, 100 g im heißen Wasserbad schmelzen. Ca. 5 Minuten abkühlen lassen.

2 2 Eier trennen. Fett, 100 g Zucker, Vanillin-Zucker, Lebkuchen-Gewürz und 1 Prise Salz cremig rühren. Die flüssige Kuvertüre nach und nach, dann 2 Eigelb und 2 Eier einzeln unterrühren. Mehl, Stärke, Kakao und Backpulver mischen, im Wechsel mit der Milch kurz unterrühren. In die Form streichen.

3 Birnenhälften mit der Wölbung nach oben auf den Teig legen und leicht hineindrücken. Im vorgeheizten Backofen (E-Herd: 175 °C/Umluft: 150 °C/ Gas: Stufe 2) auf der untersten Schiene (Gas: s. Herdhersteller) zunächst ca. 30 Minuten backen.

4 2 Eiweiß und 1 Prise Salz steif schlagen, dabei 125 g Zucker einrieseln lassen. Wellenartig auf den heißen Kuchen streichen, am Rand ca. 1 cm frei lassen. Ca. 25 Minuten weiterbacken. In der Form auskühlen lassen.

5 50 g Kuvertüre hacken, im Wasserbad schmelzen. Mit einem Löffel auf den Kuchen klecksen und trocknen lassen. Mit Puderzucker bestäuben.

ZUBEREITUNGSZEIT ca. 45 Min.
BACKZEIT ca. 55 Min.
AUSKÜHLZEIT ca. 2 Std.
STÜCK ca. 270 kcal
4 g E · 12 g F · 35 g KH

** lässt sich prima einfrieren*

Schoko-Nuss-Schnitten mit Preiselbeeren

ZUTATEN FÜR CA. 28 STÜCKE

- Fett und Mehl fürs Blech
- 300 g Zartbitter-Schokolade
- 8 Eier (Gr. M)
- 125 g weiche Butter/Margarine
- 125 g Zucker
- 4 Päckchen Vanillin-Zucker • Salz
- 300 g gemahlene Haselnüsse
- 2 gestrichene TL Backpulver
- 3 EL Rum
- ca. 5 EL Haselnuss- oder Mandelblättchen
- 1½ Gläser (à 400 g) angedickte Wild-Preiselbeeren
- 1 kg Schlagsahne
- 4 Päckchen Sahnefestiger

1 Backblech (ca. 35 x 40 cm) fetten und mit Mehl bestäuben. Die Hälfte Schokolade fein reiben, Rest grob hacken. Eier trennen.

2 Fett, Zucker, 2 Päckchen Vanillin-Zucker und 1 Prise Salz cremig rühren. Eigelb einzeln unterrühren. Geriebene Schokolade, gemahlene Nüsse und Backpulver mischen und im Wechsel mit dem Rum kurz unterrühren. Eiweiß in 2 Portionen mit je 1 Prise Salz steif schlagen. ¼ Eischnee unter den Teig rühren, den Rest portionsweise darunterheben.

3 Teig aufs Blech streichen. Im vorgeheizten Backofen (E-Herd: 175 °C/ Umluft: 150 °C/Gas: Stufe 2) ca. 30 Minuten backen. Auskühlen lassen.

4 Nussblättchen rösten, auskühlen lassen. 1 Glas Preiselbeeren auf den Nussboden streichen. Sahne in 2 Portionen steif schlagen, dabei Sahnefestiger und 2 Päckchen Vanillin-Zucker einrieseln. Auf die Beeren streichen. Kuchen in Stücke schneiden. Mit Schokolade und Nüssen bestreuen. Mit Rest Beeren verzieren.

ZUBEREITUNGSZEIT ca. 50 Min.
BACKZEIT ca. 30 Min.
AUSKÜHLZEIT ca. 1¼ Std.
STÜCK ca. 390 kcal
6 g E · 28 g F · 26 g KH

* *lassen sich prima einfrieren*

Schwarz-weißer Rehrücken

ZUTATEN FÜR CA. 20 SCHEIBEN

- Fett und Mehl für die Form
- 200 g Zartbitter-Schokolade
- 175 g Butter
- 3 Eier (Gr. M)
- 200 g Zucker
- 1 Päckchen Vanillin-Zucker • Salz
- 125 g Schmand oder Crème fraîche
- 200 g Mehl
- 2 gestrichene TL Backpulver
- 4–6 Löffelbiskuits
- 4–5 EL Amaretto-Likör
- 50 g weiße Kuvertüre
- 100 g Vollmilch-Kuvertüre
- 100 g Zartbitter-Kuvertüre

1 Rehrückenform (30 cm lang; ca. 1 l Inhalt) oder Kastenform (30 cm lang) fetten und mit Mehl ausstäuben. Schokolade in Stücke brechen. Butter würfeln. Beides zusammen im heißen Wasserbad schmelzen. Etwas abkühlen lassen.

2 Eier, Zucker, Vanillin-Zucker und 1 Prise Salz ca. 8 Minuten schaumig schlagen. Erst die Schokomasse, dann den Schmand darunterrühren. Mehl und Backpulver mischen, daraufsieben und kurz unterrühren.

3 Die Hälfte Teig in die Form streichen. 2 Reihen Löffelbiskuits mit etwas Abstand der Länge nach auf den Teig legen, mit Amaretto beträufeln. Rest Teig daraufstreichen.

4 Im vorgeheizten Backofen (E-Herd: 175 °C/Umluft: 150 °C/Gas: Stufe 2) ca. 50 Minuten backen. Ca. 10 Minuten abkühlen lassen. Dann aus der Form stürzen und auskühlen lassen.

5 Kuvertüren getrennt grob hacken. Die weiße im heißen Wasserbad schmelzen. Dünn auf eine Marmorplatte oder auf die Rückseite eines Backblechs streichen und antrocknen lassen. In Spänen abhobeln. Rest Kuvertüren zusammen im heißen Wasserbad schmelzen. Kuchen damit überziehen. Mit den Spänen bestreuen. Trocknen lassen.

ZUBEREITUNGSZEIT ca. 1 Std.
BACKZEIT ca. 50 Min.
AUSKÜHLZEIT ca. 1 Std.
SCHEIBE ca. 320 kcal
4 g E · 18 g F · 32 g KH

* *lässt sich prima einfrieren*

Süße Wichtelmännchen

ZUTATEN FÜR CA. 20 MÄNNCHEN

- ca. 40 Mandelkerne (mit Haut)
- 2 Eier + 1 frisches Eiweiß (Gr. M)
- 500 g Marzipan-Rohmasse
- 125 g + 250 g Puderzucker
- 3 gehäufte EL (60 g) Mehl
- 1 EL Milch • 1 EL Zitronensaft
- rote und blaue Speisefarbe
- evtl. braune Zuckerschrift
- Backpapier
- 2 kleine Gefrierbeutel

1 Mandeln im Topf mit Wasser bedecken, aufkochen. Abschrecken und mit den Fingern aus der Haut drücken. Trocken tupfen. Kerne längs halbieren.

2 2 Eier trennen. Marzipan raspeln. Mit 2 Eiweiß, 125 g Puderzucker und Mehl mit den Knethaken des Handrührgerätes zur glatten Masse verkneten. In 3 Teile teilen. Aus 2 Teilen mit angefeuchteten Händen insgesamt ca. 40 Kugeln formen. Aus dem 3. Teil für die Mützen ca. 20 Kegel formen, auf ein mit Backpapier ausgelegtes Blech setzen.

3 Seitlich an 20 Kugeln je 4 Mandelhälften als Füße und Arme drücken. Aufs Backblech setzen Je 1 Kugel als Kopf daraufdrücken. Eigelb und Milch verquirlen, Männchen und Mützen damit bestreichen. Im vorgeheizten Backofen (E-Herd: 175 °C/Umluft: 150 °C/Gas: Stufe 2) 15–20 Minuten backen. Auskühlen.

4 1 Eiweiß, Saft und 250 g Puderzucker cremig schlagen. Hälfte rot und 1 EL blau färben. Mützen mit rotem Guss bestreichen, Nasen und Münder aufmalen, trocknen. Weißen und blauen Guss in je 1 Gefrierbeutel füllen, zudrehen. Vom Beutel mit weißem Guss Spitze abschneiden. Mützen auf die Köpfe kleben.

5 Mit übrigem weißem Guss Bärte aufspritzen und Mützen damit verzieren. Zuckerschrift gut durchkneten. Vom anderen Gefrierbeutel 1 kleine Spitze abschneiden und mit blauem Guss und Zuckerschrift Augen und Knöpfe auf die Männchen malen. Trocknen lassen.

ZUBEREITUNGSZEIT ca. 1 Std.
BACKZEIT 15–20 Min.
AUSKÜHLZEIT ca. 1 Std.
STÜCK ca. 250 kcal
5 g E · 11 g F · 30 g KH

Bunter Backspaß für Kinder

Ihr Kinderlein kommet! Hier dürft ihr beim Kneten, Ausstechen und vor allem Verzieren mithelfen!

Saftiger Bounty-Stollen

ZUTATEN FÜR 6 STOLLEN

- 200 g getrocknete Aprikosen
- 500 g + etwas Mehl
- 1 Päckchen Backpulver
- 2 Eier (Gr. M)
- 125 g Zucker
- 1 Päckchen Vanillin-Zucker
- 250 g Magerquark
- Salz
- 125 g + 75 g weiche Butter/Margarine
- 100 g gehackte Mandeln
- 12 Schoko-Kokos-Riegel (z. B. Bounty)
- 50 g Puderzucker
- 1 EL Kokosraspel
- 1 EL Schokoladenraspel
- Backpapier

1 Aprikosen waschen, trocken tupfen und klein schneiden. 500 g Mehl, Backpulver, Eier, Zucker, Vanillin-Zucker, Quark und 1 Prise Salz in eine große Rührschüssel geben. 125 g Fett in Stückchen mit Mandeln und Aprikosen, bis auf 2 EL, zufügen. Alles erst mit den Knethaken des Handrührgerätes, dann mit den Händen zum glatten Teig verkneten.

2 Teig zur Rolle formen und in sechs gleich große Stücke schneiden. Die Stücke auf der Arbeitsfläche zum Rechteck (ca. 12 x 15 cm) flach drücken. Oder mit einer Kuchenrolle auf leicht bemehlter Arbeitsfläche ausrollen.

3 Je 2 Bountys längs hintereinander auf ein Rechteck legen. Teig von einer Längsseite her darüberklappen und die Ränder gut zusammendrücken. Auf ein mit Backpapier ausgelegtes Backblech legen. Im vorgeheizten Backofen (E-Herd: 200 °C/Umluft: 175 °C/Gas: Stufe 3) 25–30 Minuten backen. Etwas abkühlen lassen.

4 75 g Fett schmelzen. Stollen damit bestreichen. Mit Puderzucker bestäuben. Mit übrigen Aprikosen, Kokos- und Schokoraspeln bestreuen.

ZUBEREITUNGSZEIT ca. 45 Min.
BACKZEIT 25–30 Min.
AUSKÜHLZEIT ca. 45 Min.
STÜCK ca. 420 kcal
7 g E · 21 g F · 48 g KH

Weihnachtliche Krokant-Muffins

ZUTATEN FÜR 8–10 MUFFINS

- 100 g weiche Butter/Margarine
- 80 g Zucker
- 1 Päckchen Vanillin-Zucker • Salz
- 1 TL abgeriebene Schale v. 1 Bio-Zitrone
- 2 Eier (Gr. M)
- 150 g Mehl
- 1 gestrichener TL Backpulver
- 1 TL Lebkuchen-Gewürz
- 50 g Schokotröpfchen
- 60 g Haselnuss-Krokant
- 150 g Puderzucker
- 2–3 EL Zitronensaft
- etwas grüne Speisefarbe (Tube)
- evtl. Weihnachts-Deko auf Oblaten und Zucker-Konfetti zum Verzieren
- 16–20 Papier-Backförmchen (5 cm Ø)

1 Je 2 Papierförmchen ineinander auf 1 Backblech oder in 1 Muffinblech setzen. Fett, Zucker, Vanillin-Zucker, 1 Prise Salz und Zitronenschale cremig rühren. Eier unterrühren. Mehl, Backpulver und Gewürz mischen, unterrühren. Schokotröpfchen und Krokant, bis auf je 1 EL, unterrühren. In die Förmchen füllen.

2 Im vorgeheizten Backofen (E-Herd: 200 °C/Umluft: 175 °C/Gas: Stufe 3) 16–18 Minuten backen. Auskühlen.

3 Puderzucker und Saft zum dicken Guss verrühren. Die Hälfte in ein weiteres Gefäß geben, etwas grüne Speisefarbe einrühren. Die Muffins mit grünem und weißem Guss bestreichen. Mit Oblaten, Konfetti und den Resten Krokant und Schokotröpfchen verzieren, trocknen lassen.

ZUBEREITUNGSZEIT ca. 45 Min.
BACKZEIT 16–18 Min.
AUSKÜHL-/TROCKENZEIT ca. 2½ Std.
STÜCK ca. 380 kcal
5 g E · 14 g F · 56 g KH

* *lassen sich ohne Verzierung prima einfrieren*

Stutenkerl & Stutenfrau

ZUTATEN FÜR 1 MANN & 1 FRAU

- 175 g Magerquark
- 6 EL + 1 TL Milch
- 6 EL Öl
- 75 g Zucker
- 1 Päckchen Vanillin-Zucker
- Salz
- 300 g Mehl
- 1 Päckchen Backpulver
- 1 Ei (Gr. M)
- Rosinen, Pistazien- und Mandelkerne (ohne Haut)
- 80 g Marzipan-Rohmasse
- 1 EL + etwas Puderzucker
- je 1 Tube rote, braune und weiße Zuckerschrift
- Backpapier
- evtl. 1 Mini-Kochlöffel und 1 Mini-Teigrolle zum Dekorieren

1 Quark, 6 EL Milch, Öl, Zucker, Vanillin-Zucker und 1 Prise Salz verrühren. Mehl und Backpulver mischen, zufügen. Alles mit den Knethaken des Handrührgerätes zum glatten Teig verkneten. Halbieren und je ⅓ abnehmen. Ein großes Stück zum Rechteck (15 x 20 cm) formen und bis zur Mitte einschneiden. Daraus Beine mit Körper formen.

2 2. großes Stück zum Rechteck (15 x 15 cm) flach drücken. Daraus Körper und Rock formen. Aus Rest Teig 2 Köpfe, 4 Arme, 2 Beine und 2 Zöpfe formen. Alles zu Mann und Frau zusammensetzen.

3 Ei trennen. Eiweiß verquirlen. Angesetzte Teile an den Nahtstellen mit Eiweiß zusammenkleben. Eigelb und 1 TL Milch verquirlen, Figuren damit bestreichen. Rosinen, Pistazien und Mandeln als Augen, Nasen, Knöpfe, Kette, Fliege und Bordüre in die Figuren drücken. Auf einem mit Backpapier ausgelegten Blech im vorgeheizten Backofen (E-Herd: 175 °C/Umluft: 150 °C/Gas: Stufe 2) ca. 25 Minuten backen, auskühlen.

4 Marzipan grob raspeln. Mit 1 EL Puderzucker verkneten. Auf etwas Puderzucker zum Rechteck (12 x 16 cm) ausrollen. Quer halbieren und 2 Kochmützen daraus formen. Stutenfrau und -kerl mit Zuckerschrift verzieren. Kochmützen damit auf die Köpfe kleben, etwas andrücken. Trocknen lassen. Kochlöffel und Teigrolle hineinstecken.

ZUBEREITUNGSZEIT ca. 1¼ Std.
BACKZEIT ca. 25 Min.
AUSKÜHLZEIT ca. 45 Min.

Schokonüsse mit Smarties

ZUTATEN FÜR CA. 45 STÜCK

- 200 g weiche Butter/Margarine
- 300 g Puderzucker
- 1 Päckchen Vanillin-Zucker
- Salz
- 1 gestrichener TL Zimt
- 2 Eier (Gr. M)
- 250 g + etwas Mehl
- 125 g gemahlene Haselnüsse
- 1 gestrichener TL Backpulver
- 2 leicht gehäufte EL (20 g) Kakao
- ca. 60 g bunte Mini-Schokolinsen
- Backpapier

1 Fett, 100 g Puderzucker, Vanillin-Zucker, 1 Prise Salz und Zimt cremig rühren. Eier nacheinander unterrühren. 250 g Mehl, Nüsse, Backpulver und Kakao mischen und portionsweise unter die Fett-Eimasse kneten. Den Teig zugedeckt mind. 1 Stunde kalt stellen.

2 2 Backbleche mit Backpapier auslegen. Aus dem Teig mit leicht bemehlten Händen walnussgroße Kugeln formen und mit etwas Abstand auf die Bleche legen. Im vorgeheizten Backofen (E-Herd: 175 °C/Umluft: 150 °C/Gas: Stufe 2) 12–15 Minuten backen. Auskühlen.

3 Rest Puderzucker mit 4 EL Wasser glatt rühren. Je einen Klecks auf die Schokonüsse geben. Schokolinsen in den feuchten Guss drücken. Trocknen lassen.

ZUBEREITUNGSZEIT ca. 35 Min.
KÜHLZEIT mind. 1 Std.
BACKZEIT PRO BLECH 12–15 Min.
AUSKÜHL-/TROCKENZEIT ca. 1 Std.
STÜCK ca. 110 kcal
2 g E · 6 g F · 12 g KH

Keks-Lollis „Engel, Rentier & Nikolausi"

ZUTATEN FÜR CA. 18 LOLLIS

- 250 g + etwas Mehl
- 50 g gemahlene Mandeln
- 2 gestrichene TL Backpulver
- Salz • 75 g Zucker
- 125 g kalte Butter
- 1 Ei + 1 Eigelb (Gr. M)
- 1 TL Milch
- 250 g Puderzucker
- 2–3 EL Zitronensaft
- rote Speisefarbe
- ca. 4 Backoblaten (90 mm Ø)
- Gebäckschmuck, Liebesperlen, Fruchtgummi-Schnüre und Marshmallows zum Verzieren
- ca. 18 Holzstiele
- Backpapier • 2 kleine Gefrierbeutel

1 250 g Mehl, Mandeln, Backpulver, 1 Prise Salz und Zucker mischen. Mit Butter in Stückchen und 1 Ei erst mit den Knethaken des Handrührgerätes und dann kurz mit den Händen zum glatten Teig verkneten. Zugedeckt ca. 30 Minuten kalt stellen.

2 Teig auf etwas Mehl ca. 1 cm dick ausrollen. Kreise (ca. 6 cm Ø) und Rentiere (ca. 7 cm) ausstechen. Holzstiele weit hineinstecken, die Lollis auf 2 mit Backpapier ausgelegte Backbleche legen. 1 Eigelb und Milch verquirlen, Lollis damit bestreichen. Die Bleche im vorgeheizten Backofen (E-Herd: 200 °C/Umluft: 175 °C/Gas: Stufe 3) ca. 12 Minuten backen. Auskühlen lassen.

3 Puderzucker, 1–2 EL Saft und 1 EL warmes Wasser zum dicken Guss verrühren. 2 EL davon rot färben. Den roten und 2 EL weißen Guss in je einen Gefrierbeutel füllen. Rest Guss mit 1 EL Saft dünner rühren. ⅓ davon rot färben. Von den Beuteln unten je eine kleine Ecke abschneiden.

4 Oblaten für die Engelsflügel halbieren und mit dünnem weißem Guss unter einige Teigkreise kleben. Die runden Lollis mit dünnem Guss bestreichen bzw. mit dickem Guss aus den Beuteln bemalen. Mit Gebäckschmuck etc. als Engel oder Nikoläuse verzieren. Die Rentiere mit Guss bestreichen bzw. bemalen und verzieren. Alles trocknen lassen.

ZUBEREITUNGSZEIT ca. 1½ Std.
KÜHLZEIT ca. 30 Min.
BACKZEIT PRO BLECH ca. 12 Min.

Teddy-Familie aus Honigkuchen

ZUTATEN FÜR CA. 24 FIGUREN

- 250 g flüssiger Honig
- 125 g Zucker
- ½ Päckchen (7,5 g) Lebkuchen-Gewürz
- 125 g Butter/Margarine
- 1 Ei (Gr. M)
- 500 g + etwas Mehl
- 1 gehäufter TL Backpulver
- 2 TL + 3 TL Kakao
- 750 g Puderzucker
- 3 frische Eiweiß
- rote, grüne, gelbe, blaue Speisefarbe
- bunte Zuckerherzen und -perlen zum Verzieren
- Frischhaltefolie • Backpapier
- Pappe • 2 kleine Gefrierbeutel

1 Honig, Zucker, Lebkuchen-Gewürz und Fett unter Rühren erhitzen, bis sich der Zucker ganz gelöst hat. Ca. 15 Minuten lauwarm abkühlen lassen, dann das Ei mit den Schneebesen des Handrührgerätes unterrühren. 500 g Mehl, Backpulver und 2 TL Kakao mischen. Hälfte zur Honigmasse geben und unterrühren. Rest Mehl mit den Händen unterkneten. Teig zur Kugel formen, in Folie wickeln und ca. 2 Stunden kalt stellen.

2 Auf Pappe 2 Bären (einen ca. 15 cm und den anderen ca. 10 cm hoch) aufmalen und ausschneiden. Teig auf etwas Mehl 3–4 mm dick ausrollen. Mithilfe der Vorlagen 9 große und 12 kleine Bären ausschneiden und 3 Nikolaussäcke formen. Auf 2 mit Backpapier ausgelegte Bleche legen und im vorgeheizten Backofen (E-Herd: 200 °C/Umluft: 175 °C/ Gas: Stufe 3) 8–10 Minuten backen. Auf einem Kuchengitter auskühlen lassen.

3 Puderzucker, Eiweiß und 3 EL Wasser verrühren. 3 EL Guss in einen Gefrierbeutel füllen. 4–6 EL Guss mit 3 TL Kakao färben und in den anderen Gefrierbeutel füllen. Je eine kleine Ecke abschneiden. Übrigen Guss auf 4 Schälchen verteilen. Jeweils mit einer Speisefarbe einfärben. Bären und Nikolaussäcke mit weißem und buntem Guss sowie Zuckerherzen und -perlen verzieren. Trocknen lassen.

ZUBEREITUNGSZEIT ca. 1 Std.
KÜHLZEIT ca. 2 Std.
BACKZEIT PRO BLECH 8–10 Min.
AUSKÜHLZEIT ca. 1 Std.

Niedliche Engel-Muffins

ZUTATEN FÜR 8 ENGEL

- 2 Eier (Gr. M)
- 75 g saure Sahne
- ⅛ l Öl
- 150 g Zucker
- 1 Päckchen Vanillin-Zucker
- 1 TL Lebkuchen-Gewürz • Salz
- 200 g Mehl
- ½ Päckchen Backpulver
- 8 runde Back-Oblaten (9 cm Ø) oder Eiswaffel-Herzen
- weiße und rote Zuckerschrift und Gebäckschmuck zum Verzieren
- 300 g Marzipan-Rohmasse
- 2 gehäufte EL + etwas Puderzucker
- gelbe Speisefarbe
- 24 Papier-Backförmchen (ca. 5 cm Ø)

1 Je 3 Papierförmchen in 8 Mulden eines Muffinblechs setzen. Eier, Sahne, Öl, Zucker, Vanillin-Zucker, Gewürz und 1 Prise Salz mit den Schneebesen des Handrührgerätes verrühren. Mehl und Backpulver mischen, kurz darunterrühren. Teig in die Papierförmchen füllen.

2 Die Muffins im vorgeheizten Backofen (E-Herd: 175 °C/Umluft: 150 °C/Gas: Stufe 2) ca. 25 Minuten backen. Auskühlen lassen. Inzwischen für die Flügel eine Herz-Ausstechform (ca. 8 cm Ø) auf jede Oblate drücken, bis die Umrisse zu sehen sind. Mit einer Schere ausschneiden.

3 Herzen mit Zuckerschrift bemalen, mit Gebäckschmuck verzieren und ca. 30 Minuten trocknen lassen. Marzipan grob raspeln und mit 2 EL Puderzucker kurz verkneten. ¾ des Marzipans zur Rolle formen und in 8 Scheiben schneiden. Zu Kugeln formen.

4 Mit Zuckerschrift Gesichter auf die Kugeln malen, Gebäckschmuck daraufkleben. Köpfe mit Zuckerschrift auf die Muffins kleben. Rest Marzipan mit Speisefarbe färben. Portionsweise durch die Knoblauchpresse drücken, als Haare auf die Köpfe legen. In jeden Muffin hinter den Köpfen 1 Schlitz schneiden und die Herzen hineinstecken. Alles mit Puderzucker und Zuckersternen verzieren.

ZUBEREITUNGSZEIT ca. 1¼ Std.
BACKZEIT ca. 25 Min.
AUSKÜHL-/TROCKENZEIT ca. 1½ Std.
STÜCK ca. 520 kcal
8 g E · 29 g F · 55 g KH

Lebkuchen-Dorf im Schnee

ZUTATEN FÜR 1 GROSSES UND 4 KLEINE HÄUSCHEN

- 150 g flüssiger Honig
- 100 g + 1 gehäufter EL Zucker
- 3 frische Eier (Gr. M)
- 375 g + etwas Mehl
- 1½ TL Kakao
- 1½ TL Lebkuchen-Gewürz
- 1 gehäufter TL Backpulver
- Fett und Mehl fürs Blech
- 450 g + etwas Puderzucker
- z. B. Pistazien-, Haselnuss- und Walnusskerne, Mandeln, Rosinen, Belegkirschen, bunte Schokolinsen, kleine und große Zuckerperlen und Hagelzucker zum Verzieren
- 1 großer Gefrierbeutel

1 Honig, 100 g Zucker und 2 EL Wasser unter Rühren erwärmen, bis sich der Zucker gelöst hat. 10 Minuten abkühlen lassen. 2 Eier trennen. 1 Ei, 2 Eigelb und 1 EL Zucker mit den Schneebesen des Handrührgerätes cremig rühren. Honig einrühren. 375 g Mehl, Kakao, Gewürz und Backpulver mischen, über die Honigmasse sieben. Alles erst mit den Knethaken, dann mit bemehlten Händen zum glatten Teig verkneten. Teig auf einem gefetteten und bemehlten Backblech (35 x 40 cm) ausrollen.

2 Im vorgeheizten Backofen (E-Herd: 175 °C/Umluft: 150 °C/Gas: Stufe 2) 15–20 Minuten backen. Ca. 5 Minuten abkühlen lassen. Auf dem Blech 1x längs und 1x quer durchschneiden. 2 Platten vierteln, sodass insgesamt 2 große und 8 kleine Rechtecke entstehen. Platten auskühlen lassen. Eiweiß und 450 g Puderzucker mit den Schneebesen des Handrührgerätes dickcremig rühren.

3 Guss in einen Gefrierbeutel füllen, eine Ecke abschneiden. Teigplatten an den Längsseiten mit Guss zusammenkleben, sodass 1 große und 4 kleine Hütten entstehen. Trocknen lassen.

4 Mit dem übrigen Guss First, Ziegel und Eiszapfen aufspritzen. Mit Nüssen, Rosinen, Belegkirschen und Süßigkeiten verzieren. Die Hütten auf ein Tablett stellen und mit Puder- und Hagelzucker „einschneien“. Trocknen lassen.

ZUBEREITUNGSZEIT ca. 1½ Std.
ABKÜHLZEIT ca. 15 Min.
BACKZEIT 15–20 Min.
AUSKÜHL-/TROCKENZEIT ca. 2 Std.

Kunterbunte Kinderplätzchen

ZUTATEN FÜR CA. 40 STÜCK

- 500 g + etwas Mehl
- 2 gestrichene TL Backpulver
- 250 g kalte Butter
- 150 g Zucker
- 2 Päckchen Vanillin-Zucker
- Salz
- 2 Eier + 1 frisches Eiweiß (Gr. M)
- 1 TL Zitronensaft
- 250 g Puderzucker
- evtl. gelbe, grüne und rote Speisefarbe
- Gebäckschmuck, Schokostreusel und Winter-Streu-Dekor zum Verzieren
- Backpapier

1 500 g Mehl und Backpulver mischen. Butter in Stückchen, Zucker, Vanillin-Zucker, 1 Prise Salz und 2 Eier zufügen. Erst mit den Knethaken des Handrührgerätes, dann kurz mit Händen glatt verkneten. Zugedeckt ca. 1 Std. kalt stellen.

2 Teig auf wenig Mehl ca. 3 mm dick ausrollen. Mit weihnachtlichen Ausstechförmchen Plätzchen ausstechen. Auf 2 mit Backpapier ausgelegte Backbleche legen. Im vorgeheizten Backofen (E-Herd: 175 °C/Umluft: 150 °C/Gas: Stufe 2) ca. 10 Minuten backen. Auskühlen lassen.

3 Für den Guss 1 Eiweiß, Zitronensaft und Puderzucker cremig schlagen. Etwas davon abnehmen, mit Speisefarbe einfärben. Plätzchen mit Guss bestreichen und verzieren. Trocknen lassen.

ZUBEREITUNGSZEIT ca. 1½ Std.
KÜHLZEIT ca. 1 Std.
BACKZEIT PRO BLECH ca. 10 Min.
AUSKÜHL-/TROCKENZEIT ca. 2 Std.
STÜCK ca. 140 kcal
2 g E · 6 g F · 19 g KH

Ausstechen leicht gemacht

Für Kinder ist es meist schwierig, die ausgestochenen Kunstwerke aufs Blech zu befördern. Daher den Teig gleich auf Backpapier ausrollen, ausstechen und nur die Teigränder ringsum entfernen. So bleibt alles heil.

Fröhlicher Weihnachtsmann

ZUTATEN FÜR 1 WEIHNACHTSMANN

- Fett und Mehl für die Form
- 100 g Marzipan-Rohmasse
- 3 frische Eier (Gr. M)
- 100 g weiche Butter/Margarine
- 100 g Zucker
- 1 Päckchen Vanillin-Zucker
- Salz • 200 g Mehl
- 2 gestrichene TL Backpulver
- 3 EL (25 g) gemahlene Mandeln
- 2 EL Schlagsahne
- 2 EL Zitronensaft oder Milch
- 250 g Puderzucker
- etwas grüne und 1 Tube rote Speisefarbe
- Lakritzschnüre, bunte Zuckerperlen und Schokolinsen zum Verzieren
- Alufolie • 1 kleiner Gefrierbeutel

1 Beide Hälften einer Weihnachtsmann-Backform (ca. 22 x 26 cm) fetten und mit Mehl bestäuben. Hälften zusammensetzen und mit den beiden Sicherungsstiften, die dazugehören, verschließen. Ein Stück Alufolie auf den Boden des Backofens legen.

2 Marzipan grob raspeln. 1 Ei trennen, Eiweiß kalt stellen. Fett, Zucker, Vanillin-Zucker, 1 Prise Salz und Marzipan cremig rühren. Dann 1 Eigelb und 2 Eier einzeln darunterrühren. Mehl, Backpulver und Mandeln mischen, mit Sahne kurz darunterrühren.

3 Teig in die Form füllen (sie ist dann ca. bis zum Mantelsaum gefüllt). Die Form mit der Öffnung nach oben auf den Boden des vorgeheizten Backofens (E-Herd: 200 °C/Umluft: 175 °C/Gas: Stufe 3) stellen, 45–50 Minuten backen.

4 Kuchen ca. 20 Minuten in der Form abkühlen lassen. Die Stifte entfernen, die Formhälften ablösen. Kuchen ganz auskühlen lassen. Den Teig unter den Stiefeln gerade schneiden.

5 1 Eiweiß, Saft und Puderzucker dickcremig schlagen. ⅓ davon in den Gefrierbeutel geben. Je 1 TL vom übrigen Guss abnehmen und braun (rot + grün) bzw. grün färben. Rest Guss rot färben.

6 Den Mann mit Guss anmalen: den Körper rot, die Stiefel braun, den Geschenkesack grün. Vom Gefrierbeutel eine kleine Ecke abschneiden. Bart und Kleidersaum damit aufspritzen. Alles mit Süßigkeiten verzieren, trocknen lassen.

ZUBEREITUNGSZEIT ca. 2 Std.
BACKZEIT 45–50 Min.
AUSKÜHL-/TROCKENZEIT ca. 2 Std.

Schokoladen-Makronen-Herzen

ZUTATEN FÜR CA. 35 STÜCK

- 50 g + 250 g Marzipan-Rohmasse
- 225 g + etwas Mehl
- 50 g gemahlene Mandeln (ohne Haut)
- 1 Msp. Backpulver
- 125 g + 50 g Zucker
- 125 g weiche Butter/Margarine
- 2 Eier + 1 Eigelb (Gr. M)
- Öl fürs Messer
- 1 EL Schlagsahne oder Milch
- 300 g Vollmilch-Kuvertüre
- je 40 g rote Belegkirschen und Pistazienkerne
- Backpapier

1 50 g Marzipan grob raspeln. 225 g Mehl, Mandeln und Backpulver mischen. Mit 125 g Zucker, Marzipan, Fett in Flöckchen und 1 Ei erst mit den Knethaken des Handrührgerätes, dann kurz mit den Händen glatt verkneten. Zugedeckt ca. 1 Stunde kalt stellen.

2 2 Backbleche mit Backpapier auslegen. Teig auf wenig Mehl ca. ½ cm dick ausrollen. Mit einem Ausstecher Herzen (ca. 5 cm Ø) ausstechen. Auf die Bleche legen. Im vorgeheizten Backofen (E-Herd: 200 °C/Umluft: 175 °C/Gas: Stufe 3) 6–8 Minuten backen. Abkühlen lassen.

3 250 g Marzipan grob raspeln. Mit 1 Ei und 50 g Zucker verkneten. In einen Spritzbeutel mit kleiner Lochtülle füllen. Als Rand auf die Herzen spritzen. Ein Messer leicht mit Öl bestreichen. Marzipanrand mit dem Messerrücken einkerben. Eigelb und Sahne verquirlen, den Marzipanrand damit bestreichen. Bei gleicher Temperatur weitere 4–6 Minuten backen. Auskühlen lassen.

4 Kuvertüre grob hacken und im heißen Wasserbad schmelzen. Herzen damit füllen. Etwas trocknen lassen. Kirschen vierteln, Pistazien längs halbieren. Die Herzen damit verzieren und vollständig trocknen lassen.

ZUBEREITUNGSZEIT ca. 1¾ Std.
KÜHLZEIT ca. 1 Std.
BACKZEIT PRO BLECH 10–14 Min.
AB-/AUSKÜHLZEIT ca. 1 Std.
STÜCK ca. 190 kcal
3 g E · 10 g F · 20 g KH

Da steckt viel Gutes drin!

Außen ein zarter Keks, innen Schokolade, Konfitüre oder feinste Creme – das macht diese Plätzchen so unwiderstehlich

Zimt-Dattel-Ecken

ZUTATEN FÜR CA. 30 STÜCK

- 250 g + etwas Mehl
- 1 Msp. Backpulver
- 100 g Zucker
- Salz
- evtl. 1 Msp. gemahlenes Piment
- abgeriebene Schale von 1 Bio-Orange
- 1 Ei + 1 Eigelb (Gr. M)
- 150 g kalte Butter
- 200 g weiche getrocknete Datteln (ohne Stein)
- 40 g gehackte Haselnüsse
- ½ TL Zimt
- 1 TL Milch
- Puderzucker zum Bestäuben
- Frischhaltefolie
- Backpapier

1 250 g Mehl, Backpulver, Zucker, 1 Prise Salz, Piment, Orangenschale, 1 Ei und Butter in Stückchen erst mit den Knethaken des Handrührgerätes, dann kurz mit den Händen glatt verkneten. Zugedeckt ca. 1 Stunde kalt stellen.

2 Datteln fein hacken (sehr weiche nicht so fein, sie werden matschig). Mit Nüssen und Zimt mischen. Teig auf wenig Mehl zu 2 Rechtecken (à ca. 12 x 40 cm) ausrollen. Dattelmasse daraufstreuen, dabei rundherum ca. 2 cm Rand frei lassen. Von der langen Seite her aufrollen. Rollen in Folie wickeln und ca. 1 Stunde kalt stellen.

3 In je 15 schräge Stücke schneiden. Aufrecht auf ein mit Backpapier belegtes Backblech setzen. 1 Eigelb und Milch verquirlen. Kekse damit bestreichen. Im vorgeheizten Backofen (E-Herd: 175 °C/Umluft: 150 °C/Gas: Stufe 2) ca. 20 Minuten backen. Auskühlen lassen. Mit Puderzucker bestäuben.

ZUBEREITUNGSZEIT ca. 1 Std.
KÜHLZEIT ca. 2 Std.
BACKZEIT ca. 20 Min.
STÜCK ca. 120 kcal
2 g E · 6 g F · 14 g KH

Kokos-Kirsch-Küsschen

ZUTATEN FÜR CA. 50 STÜCK

- evtl. 5 EL (50 g) Pistazienkerne
- 3 frische Eiweiß (Gr. M)
- Salz
- 125 g Zucker
- 1 Päckchen Vanillin-Zucker
- 1 TL Zitronensaft
- 2 gehäufte EL (30 g) Mehl
- 100 g Kokosraspel
- ca. 175 g Kirsch-Konfitüre
- Backpapier

1 2 Backbleche mit Backpapier auslegen. Pistazien mahlen. Eiweiß und 1 Prise Salz steif schlagen. Unter Schlagen Zucker, Vanillin-Zucker und Zitronensaft zufügen. Weiterschlagen, bis der Zucker gelöst ist. Mehl und Kokosraspel mischen, unterheben.

2 Masse in einen Spritzbeutel (mit Lochtülle; ca. 5 mm Ø) füllen. Als ca. 100 kleine Tupfen auf die Bleche spritzen. Einige mit ⅓ der Pistazien bestreuen.

3 Die Kekse im vorgeheizten Backofen (E-Herd: 150 °C/Umluft: 125 °C/Gas: Stufe 1) 20–25 Minuten backen. Auskühlen lassen.

4 Die Hälfte Makronen auf der flachen Seite mit je ¼ TL Konfitüre bestreichen. Rest Makronen darandrücken. Kekse mit Konfitürerand in den übrigen Pistazien wälzen.

ZUBEREITUNGSZEIT ca. 45 Min.
BACKZEIT PRO BLECH 20–25 Min.
AUSKÜHLZEIT ca. 45 Min.
STÜCK ca. 40 kcal
1 g E · 2 g F · 5 g KH

Aprikosen-Nuss-Herzen

ZUTATEN FÜR CA. 40 STÜCK

- 250 g + etwas Mehl
- 125 g kalte Butter/Margarine
- 60 g Zucker
- 1 Ei + 1 Eigelb (Gr. M)
- Salz
- ca. 150 g Aprikosen-Konfitüre
- 50 g Walnusskerne
- Puderzucker zum Bestäuben
- Backpapier

1 250 g Mehl, Fett in Stückchen, Zucker, 1 Ei und 1 Prise Salz erst mit den Knethaken des Handrührgerätes, dann kurz mit den Händen glatt verkneten. Zugedeckt ca. 30 Minuten kalt stellen.

2 Teig auf leicht bemehlter Arbeitsfläche ca. 3 mm dick ausrollen. Ca. 40 große (ca. 5 x 5 cm) und 40 kleine Herzen (ca. 4 x 4 cm) ausstechen.

3 Herzen auf 2–3 mit Backpapier ausgelegte Backbleche legen. Eigelb und 1–2 EL Wasser verquirlen. Kleine Herzen damit bestreichen. Alle Herzen im vorgeheizten Backofen (E-Herd: 200 °C/Umluft: 175 °C/Gas: Stufe 3) 8–10 Minuten backen. Auskühlen lassen.

4 Konfitüre erwärmen. Nüsse fein hacken und darunterrühren. Jeweils ca. ½ TL auf die großen Herzen geben. Die kleinen Herzen daraufsetzen. Auskühlen lassen. Mit Puderzucker bestäuben.

ZUBEREITUNGSZEIT ca. 40 Min.
KÜHLZEIT ca. 30 Min.
BACKZEIT PRO BLECH 8–10 Min.
AUSKÜHLZEIT ca. 45 Min.
STÜCK ca. 70 kcal
1 g E · 4 g F · 8 g KH

Kein Puderzucker da?

In einer elektrischen Kaffeemühle können Sie normalen Haushaltszucker im Handumdrehen zu Puderzucker mahlen.

Marzipan-Fruchtröllchen

ZUTATEN FÜR CA. 48 STÜCK

- 150 g + etwas Mehl
- 1 Msp. Backpulver
- 75 g + 100 g Puderzucker
- Salz
- abgeriebene Schale von 1 Bio-Orange
- 75 g kalte Butter/Margarine
- 1 Eigelb (Gr. M)
- 40 g getrocknete Aprikosen
- 1 leicht gehäufter EL Orangeat
- 100 g Marzipan-Rohmasse
- 2 EL gemahlene Mandeln
- 4 EL Orangenlikör oder -saft
- Backpapier

1 150 g Mehl, Backpulver, 75 g Puderzucker, 1 Prise Salz, Orangenschale, Fett in Stückchen, Eigelb und 1–3 TL eiskaltes Wasser erst mit den Knethaken des Handrührgerätes, dann kurz mit den Händen zum glatten Mürbeteig verkneten. Zugedeckt ca. 30 Minuten kalt stellen.

2 Aprikosen und Orangeat z. B. im Universal-Zerkleinerer fein hacken. Marzipan würfeln. Aprikosen, Orangeat, Mandeln, 2 EL Likör und Marzipan verkneten. Masse in 8 Portionen teilen und jeweils zu ca. 30 cm langen Rollen (ca. 1 cm Ø) formen.

3 Mürbeteig nochmals durchkneten und halbieren. Je auf wenig Mehl zum Rechteck (ca. 12 x 30 cm) ausrollen. Teigplatten längs in je 4 Streifen (ca. 3 cm breit) schneiden. Auf jeden Streifen eine Marzipanrolle legen und in den Teig rollen. Teigrollen in ca. 5 cm lange Röllchen schneiden und auf 2 mit Backpapier ausgelegte Backbleche legen.

4 Fruchtröllchen im vorgeheizten Backofen (E-Herd: 175 °C/Umluft: 150 °C/Gas: Stufe 2) ca. 12 Minuten backen. Auskühlen lassen.

5 100 g Puderzucker und 2 EL Likör verrühren. Jeweils beide Röllchen-Enden hineintauchen. Trocknen lassen.

ZUBEREITUNGSZEIT ca. 1¾ Std.
KÜHLZEIT ca. 30 Min.
BACKZEIT PRO BLECH ca. 12 Min.
AUSKÜHLZEIT ca. 1 Std.
STÜCK ca. 50 kcal
1 g E · 2 g F · 7 g KH

Mandelblüten

ZUTATEN FÜR CA. 55 STÜCK

- 250 g + 2 gestrichene EL (20 g) + etwas Mehl
- 125 g Zucker
- Salz
- abgeriebene Schale von 1 Bio-Zitrone
- 125 g kalte Butter/Margarine
- 1 Ei + 2 frische Eiweiß (Gr. M)
- 100 g Puderzucker
- 75 g fein gemahlene Mandeln
- 150 g rotes Gelee
- Backpapier

1 250 g Mehl, Zucker, 1 Prise Salz, Zitronenschale, Fett in Stückchen und 1 Ei erst mit den Knethaken des Handrührgerätes, dann kurz mit den Händen glatt verkneten. Zugedeckt ca. 30 Minuten kalt stellen.

2 2 Eiweiß und 1 Prise Salz steif schlagen. Unter weiterem Schlagen Puderzucker einrieseln. 2 gestrichene EL Mehl und Mandeln unterheben. In 1 Spritzbeutel (mit kleiner Lochtülle) füllen und kalt stellen.

3 Teig auf wenig Mehl ca. 3 mm dick ausrollen, Blüten (ca. 5 cm Ø) ausstechen. Auf 2 mit Backpapier ausgelegte Backbleche legen. Auf jede Blüte mit der Makronenmasse einen Tuff spritzen. Im vorgeheizten Backofen (E-Herd: 175 °C/ Umluft: 150 °C/Gas: Stufe 2) ca. 15 Minuten backen. Sofort mit dem Kochlöffelstiel je eine Mulde in die Makronentuffs drücken. Auskühlen lassen. Gelee erwärmen und hineinfüllen.

ZUBEREITUNGSZEIT ca. 1½ Std.
BACKZEIT PRO BLECH ca. 15 Min.
KÜHL-/AUSKÜHLZEIT ca. 1 Std.
STÜCK ca. 70 kcal
1 g E · 3 g F · 9 g KH

1x kneten, 2x backen

Sie benötigen größere Plätzchen-Mengen, möchten aber nicht alle auf einmal machen? Einfach doppelte Menge Mürbeteig kneten, die Hälfte einfrieren. Dann bei Bedarf auftauen und backen.

Spritzgebäck mit Kokos-Creme

ZUTATEN FÜR CA. 30 STÜCK

- 150 g weiche Butter/Margarine
- 125 g Puderzucker
- 60 g Speisestärke
- Salz
- ca. 10 Tropfen Rum-Aroma
- 250 g Mehl
- 7–9 EL Milch
- 3 EL Kokosraspel
- 250 g weiße Kuvertüre
- 125 g Schlagsahne
- 15 g weißes Plattenfett (z. B. Palmin)
- 2 EL Kokoslikör
- Backpapier

1 Fett, Puderzucker, Stärke, 1 Prise Salz und Aroma verrühren. Mehl im Wechsel mit der Milch kurz unterrühren.

2 Teig in einen Spritzbeutel mit großer Sterntülle füllen. Ca. 60 runde Plätzchen (2,5–3 cm Ø) auf 2 mit Backpapier ausgelegte Backbleche spritzen, mit 2 EL Kokosraspeln bestreuen. Im vorgeheizten Backofen (E-Herd: 200 °C/Umluft: 175 °C/ Gas: Stufe 3) ca. 10 Minuten backen. Auskühlen lassen.

3 Kuvertüre hacken. Sahne erhitzen. Plattenfett und Kuvertüre darin unter ständigem Rühren schmelzen. Kokoslikör einrühren und auskühlen lassen. Ca. 3 Stunden kalt stellen.

4 1 EL Kokosraspel ohne Fett rösten. Auskühlen lassen. Kokosmasse und 1 EL Kokosraspel cremig aufschlagen. In einen Spritzbeutel (mit Lochtülle) füllen. Auf die glatte Seite von ca. 30 Plätzchen jeweils etwas Creme spritzen. Je 1 Plätzchen ohne Creme daraufsetzen. Ca. 30 Minuten kalt stellen.

ZUBEREITUNGSZEIT ca. 1 Std.
BACKZEIT PRO BLECH ca. 10 Min.
KÜHL-/AUSKÜHLZEIT ca. 3½ Std.
STÜCK ca. 170 kcal
2 g E · 10 g F · 17 g KH

Whiskey-Nougat-Sterne

ZUTATEN FÜR CA. 50 STÜCK

- 200 g Zartbitter-Schokolade
- 2 frische Eiweiß (Gr. M)
- Salz
- 1 TL Zitronensaft
- 175 g + etwas Puderzucker
- 240 g gemahlene Haselnüsse
- 60 g + etwas Mehl
- 2 Msp. Zimt
- 80 g Nussnougat (schnittfest)
- 125 g Schlagsahne
- 40 g Butter
- 6 EL Baileys (Whiskey-Likör)
- ca. 50 g Mandelkerne (ohne Haut)
- Frischhaltefolie
- Backpapier

1 Für den Teig 100 g Schokolade in Stücke brechen und im heißen Wasserbad schmelzen. Etwas abkühlen lassen. Eiweiß, 1 Prise Salz und Zitronensaft steif schlagen, dabei 175 g Puderzucker einrieseln. Nüsse, 60 g Mehl und Zimt mischen. Eischnee und geschmolzene Schokolade nach und nach mit dem Kochlöffel darunterrühren. In Folie wickeln. Über Nacht kalt stellen.

2 Für die Füllung 100 g Schokolade in Stücke brechen. Nougat hacken. Sahne, Butter und Baileys erhitzen (nicht kochen!). Schokoladenstücke und Nougat unter Rühren darin schmelzen. Auskühlen lassen. Ca. 2 Stunden kalt stellen.

3 Teig bei Raumtemperatur ca. 20 Minuten ruhen lassen. Zwischen Folie ca. 3 mm dick ausrollen. Ca. 100 Sterne (ca. 4 cm Ø) ausstechen. Ausstecher dabei zwischendurch in Mehl tauchen. Auf 2–3 mit Backpapier ausgelegte Bleche legen. Ca. 20 Minuten kühl stellen. Im vorgeheizten Backofen (E-Herd: 175 °C/Umluft: 150 °C/Gas: Stufe 2) ca. 7 Minuten backen. Auskühlen lassen.

4 Schokosahne cremig aufschlagen. In einen Spritzbeutel (mit mittelgroßer Sterntülle) füllen. Auf die Hälfte der Sterne Tuffs spritzen. Rest Sterne darauflegen. Mit Tuffs, Mandeln und Puderzucker verzieren.

ZUBEREITUNGSZEIT ca. 1 Std.
KÜHL-/RUHEZEIT ca. 15 Std.
BACKZEIT PRO BLECH ca. 7 Min.
AUSKÜHLZEIT ca. 45 Min.
STÜCK ca. 110 kcal
2 g E · 7 g F · 8 g KH

Schoko-Walnusstaler

ZUTATEN FÜR CA. 65 STÜCK

- 150 g + ca. 65 Walnusskerne
- 300 g + etwas Mehl
- 200 g Zucker
- 5–6 Tropfen Rum-Aroma
- 200 g kalte Butter
- Salz
- 400 g Marzipan-Rohmasse
- 200 g Zartbitter-Kuvertüre
- 1 kleines Glas (225 g) rotes Gelee
- Frischhaltefolie
- Backpapier

1 150 g Nüsse mahlen. Mit 300 g Mehl, Zucker, Aroma, kalter Butter in Stückchen und 1 Prise Salz erst mit den Knethaken des Handrührgerätes, dann kurz mit den Händen glatt verkneten. Zugedeckt über Nacht kalt stellen.

2 2 Backbleche mit Backpapier auslegen. Teig auf wenig Mehl ca. 1 cm dick ausrollen, Kreise (ca. 4 cm Ø) ausstechen. Auf die Bleche legen. Im vorgeheizten Backofen (E-Herd: 200 °C/Umluft: 175 °C/Gas: Stufe 3) ca. 10 Minuten backen. Auskühlen lassen.

3 Marzipan mit den Händen kurz verkneten. Zwischen 2 Lagen Folie 3–4 mm dick ausrollen und Kreise in Keksgröße ausstechen. Kuvertüre grob hacken und im heißen Wasserbad schmelzen. Die Kekse mit dem Gelee bestreichen, je 1 Marzipantaler daraufsetzen und andrücken. Kekse mit der Kuvertüre überziehen, mit Walnusshälften verzieren. Trocknen lassen.

ZUBEREITUNGSZEIT ca. 1¾ Std.
KÜHLZEIT ca. 12 Std.
BACKZEIT PRO BLECH ca. 10 Min.
AUSKÜHLZEIT ca. 1 Std.
STÜCK ca. 160 kcal
2 g E · 10 g F · 15 g KH

Weihnachtlicher Früchtekranz

ZUTATEN FÜR CA. 20 STÜCKE

- 200 g getrocknete Apfelringe
- 200 g getrocknete halbweiche Aprikosen
- 100 g + 2 EL getrocknete Cranberrys
- 3 EL Pinienkerne • 4 EL Pistazienkerne
- 200 ml Muscat de Noël (französischer Dessertwein) oder Portwein
- 100 ml Milch • 50 g flüssiger Honig
- 1 Würfel (42 g) frische Hefe
- 400 g + etwas Mehl
- 100 g Marzipan-Rohmasse
- 200 g weiche + 150 g + etwas Butter
- 1 gehäufter TL Stollen-Gewürz • Salz
- 100 g Puderzucker

1 Äpfel und Aprikosen fein würfeln. Mit 100 g Cranberrys, Pinienkernen, 3 EL Pistazien und Wein mischen. Zugedeckt über Nacht durchziehen lassen.

2 Milch und Honig lauwarm erwärmen. Hefe hineinbröckeln und darin auflösen. Alles mit der Hälfte Mehl zum Vorteig verrühren. Zugedeckt am warmen Ort ca. 20 Minuten gehen lassen. Marzipan grob raspeln. Mit 200 g Butter, Gewürz und 1 Prise Salz cremig rühren. Rest Mehl darunterrühren. Vorteig zufügen und alles glatt verkneten. Früchte evtl. abtropfen lassen und darunterkneten. Zugedeckt an einem warmen Ort ca. 30 Minuten gehen lassen.

3 Springform mit Rohrboden (26 cm Ø) fetten. Teig auf etwas Mehl zum Strang (ca. 46 cm) rollen. In die Form legen, andrücken und oben zickzackförmig einschneiden. Ca. 1 Stunde gehen lassen.

4 Im vorgeheizten Backofen (E-Herd: 200 °C/Umluft: 175 °C/Gas: Stufe 3) zunächst ca. 15 Minuten backen. Ofen herunterschalten (E-Herd: 175 °C/Umluft: 150 °C/Gas: Stufe 2), 50–60 Minuten weiterbacken (evtl. nach ca. 30 Minuten abdecken). 150 g Butter schmelzen. Heißen Kranz mit der Hälfte Butter bestreichen, mit der Hälfte Puderzucker bestäuben. Vorgang wiederholen. Über Nacht ruhen lassen. Mit Resten Cranberrys und Pistazien bestreuen.

ZUBEREITUNGSZEIT ca. 1 Std.
MARINIER-/GEH-/RUHEZEIT ca. 26 Std.
BACKZEIT 65–75 Min.
STÜCK ca. 380 kcal
5 g E · 21 g F · 39 g KH

lässt sich ca. 3 Wochen prima lagern

Fröhliche Weihnacht überall

Auch in fremden Backstuben herrscht jetzt Hochbetrieb.
Wir haben für Sie hier das Beste aus aller Welt ausgewählt

Joyeux Noël

aus Frankreich

Mailänder Panettone

ZUTATEN FÜR CA. 16 STÜCKE

- ¼ l Milch
- 1 Würfel (42 g) frische Hefe
- 500 g Mehl
- 3 gehäufte EL Zucker
- 100 g + 1 EL weiche Butter
- Salz
- 3 Eier (Gr. M)
- 75 g Mandelkerne
- 100 g Zartbitter-Schokolade
- Fett für die Form

1 ⅛ l Milch lauwarm erwärmen. Hefe hineinbröckeln und auflösen. Mehl in eine Schüssel geben. In die Mitte eine Mulde drücken. Hefemilch und 2 EL Zucker zufügen. Mit etwas Mehl vom Rand zum Vorteig verrühren. Zugedeckt am warmen Ort ca. 15 Minuten gehen lassen.

2 100 g Butter schmelzen und etwas abkühlen lassen. ⅛ l Milch zugießen. Alles mit 1 Prise Salz und Eiern zum Vorteig geben und glatt verkneten. Zugedeckt an einem warmen Ort ca. 45 Minuten gehen lassen.

3 Mandeln und Schokolade hacken und unter den Teig kneten. Panettoneform (18 cm Ø; ca. 1,5 l Inhalt) oder Springform mit Rohrbodeneinsatz (24 cm Ø) fetten. Teig in die Form füllen. Zugedeckt ca. 15 Minuten gehen lassen.

4 1 EL Butter in Flöckchen und 1 EL Zucker darauf verteilen. Im vorgeheizten Backofen (E-Herd: 200 °C/Umluft: 175 °C/Gas: Stufe 3) 45–50 Minuten backen. Evtl. nach ca. 30 Minuten abdecken. In der Form auskühlen lassen.

ZUBEREITUNGSZEIT ca. 45 Min.
GEHZEIT ca. 1¼ Std.
BACKZEIT 45–50 Min.
STÜCK ca. 260 kcal
7 g E · 12 g F · 30 g KH

✱ lässt sich prima einfrieren

Linzer Kirsch-Mandeltorte

ZUTATEN FÜR CA. 18 STÜCKE

- Fett für die Form
- 1 Glas (720 ml) Kirschen
- 200 g weiche Butter
- 125 g + etwas Puderzucker
- 1 Msp. Zimt • Salz
- 2 Eier + 1 Eigelb (Gr. M)
- 150 g gemahlene Mandeln (mit Haut)
- 225 g Mehl
- 9 Backoblaten (à 90 mm Ø; ersatzw. 25 à 50 mm Ø)
- 250 g Sauerkirsch-Konfitüre
- 1 TL Milch
- 1–2 EL Mandelblättchen
- 1 TL Hagelzucker

1 Springform (26 cm Ø) fetten. Kirschen gut abtropfen lassen. Butter, 125 g Puderzucker, Zimt und 1 Prise Salz cremig rühren. 2 Eier nacheinander unterrühren. Gemahlene Mandeln und Mehl mischen, portionsweise kurz unterrühren.

2 Gut die Hälfte Teig in die Form streichen. Mit Backoblaten überlappend belegen. Kirschen und Konfitüre mischen, darauf verteilen und glatt streichen.

3 Rest Teig in einen Spritzbeutel (mit großer Lochtülle) füllen und ein Gitter auf die Kirschen spritzen. 1 Eigelb und Milch verquirlen. Das Teiggitter damit bestreichen. Mit Mandelblättchen bestreuen. Im vorgeheizten Backofen (E-Herd: 200 °C/Umluft: 175 °C/Gas: Stufe 3) ca. 40 Minuten backen.

4 Kuchen in der Form ganz auskühlen lassen. Mit Puder- und Hagelzucker verzieren.

ZUBEREITUNGSZEIT ca. 35 Min.
BACKZEIT ca. 40 Min.
STÜCK ca. 320 kcal
5 g E · 17 g F · 35 g KH

✱ lässt sich prima einfrieren

Rosinen-Gugelhupf

ZUTATEN FÜR CA. 16 STÜCKE

- 80 g Rosinen oder Sultaninen
- 2–3 EL Kirschwasser
- 100 ml + 100 ml Milch
- 1 Würfel (42 g) frische Hefe
- 500 g Mehl
- 7 EL Zucker
- 200 g + etwas Butter
- 1 gestrichener TL Salz
- 2 Eier (Gr. M)
- evtl. 16–20 Mandelkerne (ohne Haut)
- Puderzucker zum Bestäuben

1 Rosinen waschen und trocken tupfen. Mit Kirschwasser beträufeln. 100 ml Milch lauwarm erwärmen. Hefe hineinbröckeln und auflösen. Mehl in eine Schüssel geben. In die Mitte eine Mulde drücken. Hefemilch und 2 EL Zucker zufügen. Mit etwas Mehl vom Rand zum Vorteig verrühren. Zugedeckt am warmen Ort ca. 15 Minuten gehen lassen.

2 200 g Butter schmelzen, etwas abkühlen lassen. 100 ml Milch zugießen. alles mit 5 EL Zucker, Salz und Eiern zum Vorteig geben und glatt verkneten. Zugedeckt an einem warmen Ort 45–60 Minuten gehen lassen.

3 Gugelhupfform (ca. 2,5 l Inhalt) gut fetten. Je 1 Mandelkern in jede Rille „kleben". Rosinen unter den Teig kneten. Vorsichtig in die Form geben und weitere 30–45 Minuten gehen lassen.

4 Gugelhupf im vorgeheizten Backofen auf der untersten Schiene (E-Herd: 200 °C/Umluft: 175 °C/Gas: Stufe 3) ca. 45 Minuten backen. Evtl. nach ca. 25 Minuten abdecken.

5 Ca. 30 Minuten in der Form abkühlen lassen, dann stürzen und auskühlen lassen. Mit Puderzucker bestäuben.

ZUBEREITUNGSZEIT ca. 40 Min.
GEHZEIT 1½–2 Std.
BACKZEIT ca. 45 Min.
STÜCK ca. 270 kcal
5 g E · 13 g F · 31 g KH

* *lässt sich prima einfrieren*

Holländische Spekulatiusbrote

ZUTATEN FÜR CA. 24 SCHEIBEN

- 2 Eier (Gr. M)
- 150 g + 40 g Mehl
- 1 gehäufter TL Backpulver
- 75 g brauner Zucker
- 2 TL Spekulatius-Gewürz
- Salz
- 100 g kalte Butter
- evtl. 1 EL Milch
- 200 g gemahlene Mandeln (ohne Haut)
- 200 g Puderzucker
- 10–12 Tropfen Bittermandel-Aroma
- abgeriebene Schale und 1–2 EL Saft von 1 Bio-Zitrone
- 1 TL Schlagsahne oder Milch
- ca. 24 Mandelkerne (ohne Haut)
- Backpapier

1 Eier trennen. 150 g Mehl, Backpulver, Zucker, Gewürz, 1 Prise Salz, Butter in Stückchen, 1 Eigelb und Milch oder Wasser erst mit den Knethaken des Handrührgerätes, dann kurz mit den Händen glatt verkneten. Zugedeckt ca. 20 Minuten kalt stellen.

2 Gemahlene Mandeln, Puderzucker, 2 Eiweiß, Aroma, Zitronenschale und -saft mit den Knethaken des Handrührgerätes verkneten. 40 g Mehl glatt unterkneten.

3 Die Hälfte Spekulatius-Teig auf einem Stück Backpapier (ca. 18 x 26 cm) auf Größe des Papiers ausrollen, mitsamt Papier der Länge nach halbieren. Die Hälfte Mandelmasse brotförmig auf den 1. Teigstreifen häufen, dabei rundherum einen ca. 1½ cm breiten Rand frei lassen. 2. Teigstreifen mithilfe des Papiers darauflegen, Papier abziehen. Teig am Rand gut andrücken, evtl. etwas abschneiden. Aus übrigem Teig und Mandelmasse auf gleiche Weise ein zweites Brot formen.

4 1 Eigelb und Sahne verquirlen. Brote aufs Blech legen, damit bestreichen und mit Mandeln verzieren. Im vorgeheizten Backofen (E-Herd: 175 °C/Umluft: 150 °C/Gas: Stufe 2) ca. 40 Minuten backen. Auskühlen lassen. Dann in Scheiben schneiden.

ZUBEREITUNGSZEIT ca. 1 Std.
KÜHLZEIT ca. 20 Min.
BACKZEIT ca. 40 Min.
SCHEIBE ca. 180 kcal
3 g E · 10 g F · 17 g KH

Erdnuss-Schoko-Cookies

ZUTATEN FÜR CA. 50 STÜCK

- 200 g ungesalzene Erdnüsse
- 150 g weiche Butter
- 200 g Zucker (z. B. brauner)
- Salz
- 2 Eier (Gr. M)
- 3 EL Schlagsahne
- 400 g Mehl
- 3 EL (30 g) Kakao
- Backpapier

1 2–3 Backbleche mit Backpapier auslegen. Nüsse grob hacken. Butter, Zucker und 1 Prise Salz cremig rühren. Eier einzeln, dann Sahne unterrühren.

2 Mehl und Kakao mischen, unterkneten. Nüsse unterkneten. Den Teig zu ca. 50 Kugeln formen. Auf die Bleche setzen und etwas flach drücken. Im vorgeheizten Backofen (E-Herd: 200 °C/Umluft: 175 °C/Gas: Stufe 3) ca. 15 Minuten backen. Auskühlen lassen.

ZUBEREITUNGSZEIT ca. 30 Min.
BACKZEIT PRO BLECH ca. 15 Min.
STÜCK ca. 110 kcal
2 g E · 6 g F · 11 g KH

Einkaufs-Tipp

Keine ungesalzenen Erdnüsse bekommen? Dann einfach Erdnüsse mit Schale kaufen und selbst schälen. Oder nehmen Sie gesalzene Knabbernüsse und rubbeln das Salz mit Küchenpapier ab.

Kernige Haferflocken-Plätzchen

ZUTATEN FÜR CA. 60 STÜCK

- 300 g Butter
- 500 g kernige Haferflocken
- 2 Eier (Gr. M)
- 300 g Zucker
- 1 Päckchen Vanillin-Zucker
- Salz
- 50 g Mehl
- 1 leicht gehäufter TL Backpulver
- Backpapier

1 Butter schäumend aufkochen. Die Haferflocken unterrühren und auskühlen lassen.

2 Eier, Zucker, Vanillin-Zucker und 1 Prise Salz ca. 8 Minuten schaumig schlagen. Mehl und Backpulver mischen, kurz unterrühren. Alles zur Haferflocken-Masse geben und mit einem Kochlöffel unterrühren.

3 Haferflockenmasse mit 2 Teelöffeln als kleine Häufchen auf 2 mit Backpapier ausgelegte Bleche setzen. Im vorgeheizten Backofen (E-Herd: 175 °C/ Umluft: 150 °C/Gas: Stufe 2) ca. 20 Minuten backen. Auskühlen lassen.

ZUBEREITUNGSZEIT ca. 30 Min.
BACKZEIT PRO BLECH ca. 20 Min.
STÜCK ca. 100 kcal
1 g E · 5 g F · 11 g KH

Kopenhagener Zuckerbrezeln

ZUTATEN FÜR CA. 26 STÜCK

- 75 g weiche Butter
- 100 g Zucker
- 1 Päckchen Vanillin-Zucker
- Salz
- abgeriebene Schale von ½ Bio-Zitrone
- 6–8 Tropfen Bittermandel-Aroma
- 1 Ei + 2 Eigelb (Gr. M)
- 200 g + etwas Mehl
- 50 g gemahlene Mandeln (ohne Haut)
- 1 gestrichener TL Backpulver
- ca. 50 g Hagelzucker
- Frischhaltefolie
- Backpapier

1 Butter, Zucker, Vanillin-Zucker, 1 Prise Salz, Zitronenschale und Aroma cremig rühren. 1 Ei und 1 Eigelb unterrühren. 200 g Mehl, Mandeln und Backpulver mischen, mit den Knethaken des Handrührgerätes darunterkneten (der Teig ist weich). Auf etwas Mehl zu 2 Rollen (à ca. 20 cm) formen. Jede in Folie wickeln und ca. 2 Stunden kalt stellen.

2 Rollen in ca. 1½ cm dicke Scheiben schneiden, auf wenig Mehl zu Strängen (ca. 18 cm) rollen. Zu Brezeln formen. Auf 2 mit Backpapier ausgelegte Backbleche legen. 1 Eigelb und 1 TL Wasser verquirlen. Brezeln damit bestreichen, mit Hagelzucker bestreuen. Im vorgeheizten Backofen (E-Herd: 175 °C/Umluft: 150 °C/Gas: Stufe 2) ca. 12 Minuten backen. Auskühlen lassen.

ZUBEREITUNGSZEIT ca. 45 Min.
KÜHLZEIT ca. 2 Std.
BACKZEIT PRO BLECH ca. 12 Min.
STÜCK ca. 80 kcal
1 g E · 4 g F · 10 g KH

Ginger Cakes

ZUTATEN FÜR CA. 100 STÜCK

- 350 g Butter
- 1 Vanilleschote
- ca. 50 g frischer Ingwer
- 225 g Puderzucker
- Salz
- 500 g Mehl
- 1 Eiweiß (Gr. M)
- ca. 250 g Zucker (z. B. grober)
- Backpapier

1 Butter bei schwacher Hitze leicht bräunen. In eine Schüssel gießen. Auskühlen lassen, bis sie wieder fest ist. Vanilleschote längs aufschneiden und das Mark herauskratzen. Ingwer schälen und fein reiben, 30 g abwiegen.

2 Butter, Vanillemark, Puderzucker und 1 Prise Salz cremig rühren. ⅔ Mehl löffelweise und Ingwer unterrühren. Rest Mehl darunterkneten.

3 Teig erst zu 4 Rollen (ca. 3 cm Ø; ca. 12 cm lang), dann mithilfe eines Lineals quadratisch formen. Mit verquirltem Eiweiß bestreichen und im groben Zucker wenden. 3–4 Stunden kalt stellen.

4 Rollen in gut ½ cm dicke Scheiben schneiden. Mit genügend Abstand auf 2 mit Backpapier ausgelegte Backbleche legen. Im vorgeheizten Backofen (E-Herd: 225 °C/Umluft: 200 °C/Gas: Stufe 4) 6–7 Minuten backen. Auskühlen lassen.

ZUBEREITUNGSZEIT ca. 1½ Std.
KÜHLZEIT 3–4 Std.
BACKZEIT PRO BLECH 6–7 Min.
STÜCK ca. 50 kcal
0 g E · 3 g F · 5 g KH

Schoko-Nuss-Busserln

ZUTATEN FÜR CA. 40 STÜCK

- 125 g Walnusskerne
- 250 g Puderzucker
- 3 Eiweiß (Gr. M)
- Salz
- 125 g gemahlene Haselnüsse
- 200 g Vollmilch-Kuvertüre
- evtl. Haselnuss-, Walnuss-, Mandel- und Pistazienkerne zum Verzieren
- Backpapier

1 2 Backbleche mit Backpapier auslegen. Walnüsse fein hacken. Puderzucker sieben. Eiweiß und 1 Prise Salz steif schlagen. Unter weiterem Schlagen Puderzucker einrieseln lassen. Alle Nüsse mischen und unterheben.

2 Die Masse in einen Spritzbeutel (mit großer Lochtülle) füllen. Ca. 40 Tuffs (3 cm Ø) auf die Bleche spritzen. Ca. 3 Stunden bei Raumtemperatur trocknen lassen. Im vorgeheizten Backofen (E-Herd: 175 °C/Umluft: 150 °C/Gas: Stufe 2) ca. 18 Minuten backen. Auskühlen lassen.

3 Kuvertüre grob hacken und im heißen Wasserbad schmelzen. Busserln mal ganz und mal in Streifen mit Kuvertüre überziehen. Mit Nüssen, Mandel- und Pistazienkernen verzieren. Kuvertüre trocknen lassen.

ZUBEREITUNGSZEIT ca. 1 Std.
BACKZEIT PRO BLECH ca. 18 Min.
AUSKÜHLZEIT ca. 1 Std.
STÜCK ca. 100 kcal
2 g E · 5 g F · 10 g KH

Kerniges zum Anbeißen

Ho, ho, ho! Was hat der Nikolaus im Gepäck? Süßes mit Nuss und Mandelkern. Denn das mögen wahrlich alle Kinder gern!

Walnuss-Sterne

FÜR CA. 65 STÜCK

- 200 g Walnusskerne
- 275 g + etwas Mehl
- 100 g + 250 g Puderzucker
- Salz
- 200 g kalte Butter
- 1 Ei (Gr. M)
- 5–6 EL Rum
- Backpapier

1 50 g Nüsse fein mahlen. Mit 275 g Mehl, 100 g Puderzucker, 1 Prise Salz, Butter in Stückchen und Ei erst mit den Knethaken des Handrührgerätes, dann kurz mit den Händen glatt verkneten. Zugedeckt ca. 30 Minuten kalt stellen.

2 Teig auf etwas Mehl ca. 3 mm dick ausrollen. Sterne ausstechen. Auf 2–3 mit Backpapier ausgelegte Bleche legen. Im vorgeheizten Backofen (E-Herd: 175 °C/Umluft: 150 °C/Gas: Stufe 2) ca. 10 Minuten backen. Auskühlen lassen.

3 250 g Puderzucker und Rum glatt verrühren. Sterne damit bestreichen, mit den übrigen Nusshälften belegen. Trocknen lassen.

ZUBEREITUNGSZEIT ca. 50 Min.
KÜHLZEIT ca. 30 Min.
BACKZEIT PRO BLECH ca. 10 Min.
AUSKÜHLZEIT ca. 1 Std.
STÜCK ca. 90 kcal
1 g E · 5 g F · 9 g KH

Nüsse & Mandeln

... sind selbst geknackt am frischesten. Wer sich die Arbeit aber sparen möchte, nimmt die geschälten Kerne.

Nüsse enthalten viel Fett und werden deshalb relativ schnell ranzig. Daher am besten luftdicht verpacken und im Kühlschrank oder Gefrierfach lagern. Oder: Rösten Sie die Nüsse kurz in der Pfanne ohne Fett. Das vertreibt das Ranz-Aroma.

Weihnachtlicher Eis-Gugelhupf

ZUTATEN FÜR 12–14 STÜCKE

- 100 g Mandelstifte
- 100 g getrocknete Aprikosen
- 1 Packung (100 g) Waffelröllchen mit Schokolade
- 100 g Weihnachts-Schokolade
- 4 frische Eigelb (Gr. M)
- 50–75 g + 2 EL Zucker
- 2 Päckchen Vanillin-Zucker
- je 1 TL Zimt + Lebkuchen-Gewürz
- 500 g Schlagsahne
- 5 Orangen
- 100 ml Orangenlikör
- 50 g Walnusskerne
- 1 EL Butter
- evtl. Schokostückchen und Bio-Orangenschale zum Bestreuen
- Frischhaltefolie
- Alufolie + etwas Öl

1 Mandeln ohne Fettzugabe rösten. Herausnehmen und auskühlen lassen. Aprikosen waschen und trocken tupfen. Aprikosen, Waffelröllchen und Schokolade würfeln bzw. hacken.

2 Eigelb, 50–75 g Zucker, Vanillin-Zucker, Zimt und Lebkuchen-Gewürz cremig schlagen. Mandeln, Aprikosen, Waffelröllchen und Schokolade unter die Eicreme heben. Sahne steif schlagen und unterheben.

3 Eine Gugelhupfform (ideal ist eine aus Glas; ca. 2 l Inhalt) kalt ausspülen (Metallform mit Frischhaltefolie auslegen). Parfaitmasse einfüllen, glatt streichen. Form mit Frischhaltefolie abdecken und über Nacht ins Gefriergerät stellen.

4 Orangen so schälen, dass die weiße Haut vollständig mit entfernt wird. Filets zwischen den Trennhäuten herausschneiden, Saft dabei auffangen. Trennhäute ausdrücken. Filets, Saft und Likör mischen, ca. 20 Minuten ziehen lassen.

5 Walnüsse grob hacken. 2 EL Zucker goldgelb karamellisieren. Butter und Nüsse unterrühren. Alles auf ein leicht geöltes Stück Alufolie verteilen, auskühlen lassen und grob hacken.

6 Form ca. 20 Minuten vorm Servieren kurz in heißes Wasser tauchen. Gugelhupf stürzen. Mit Krokant, Schokostückchen und Orangenschale bestreuen. Orangen evtl. erhitzen, dazureichen.

ZUBEREITUNGSZEIT ca. 45 Min.
KÜHLZEIT mind. 12 Std.
STÜCK ca. 380 kcal
6 g E · 25 g F · 26 g KH

Gefüllte Haselnuss-Kipferl

ZUTATEN FÜR 20 STÜCK

- 200 g weiche Butter
- 100 g Zucker
- Salz
- ca. ¼ TL Zimt
- 1 Eiweiß (Gr. M)
- 150 g gemahlene Haselnüsse
- 200 g Mehl
- 100 g Himbeer-Konfitüre
- Puderzucker zum Bestäuben
- Backpapier

1 Butter, Zucker, 1 Prise Salz und Zimt cremig rühren. Eiweiß darunterrühren. Nüsse und Mehl mischen und portionsweise kurz unterrühren.

2 Teig in einen Spritzbeutel (mit großer Lochtülle) füllen und 40 bogenförmige Plätzchen auf 2 mit Backpapier ausgelegte Bleche spritzen. Im vorgeheizten Backofen (E-Herd: 175 °C/Umluft: 150 °C/Gas: Stufe 2) 10–12 Minuten backen. Auskühlen lassen.

3 Konfitüre glatt verrühren. 20 Kipferl damit bestreichen. Übrige Kipferl darauflegen und leicht andrücken. Mit Puderzucker bestäuben.

ZUBEREITUNGSZEIT ca. 30 Min.
BACKZEIT PRO BLECH 10–12 Min.
AUSKÜHLZEIT ca. 45 Min.
STÜCK ca. 190 kcal
2 g E · 13 g F · 16 g KH

Extra-Tipps

Ist der Teig zu fest und lässt sich nicht spritzen, noch 1–2 EL Milch oder Wasser unterrühren.

Wer keine Haselnüsse mag oder verträgt, nimmt gemahlene Mandeln. Die Kipferl schmecken auch ungefüllt ohne Konfitüre lecker.

Dattel-Nuss-Stangen

ZUTATEN FÜR CA. 30 STÜCK

- 100 g getrocknete Datteln
- 200 g getrocknete Feigen
- 100 g rote Belegkirschen
- je 100 g Zitronat und Orangeat
- 200 g Paranusskerne
- 100 g Walnusskerne
- 2 Eier (Gr. M)
- 100 g Zucker
- 2 Päckchen Vanillin-Zucker
- Salz
- ¼ TL Zimt
- 75 g Mehl
- 3 eckige Backoblaten (à 122 x 202 mm)
- 125 g Puderzucker
- 2–3 EL Zitronensaft
- Hagelzucker zum Bestreuen
- Backpapier

1 Datteln evtl. entkernen. Datteln und Feigen würfeln. Mit Kirschen, Zitronat, Orangeat und allen Nüssen mischen.

2 Backblech mit Backpapier auslegen. Eier, Zucker und Vanillin-Zucker ca. 8 Minuten hellcremig schlagen. ½ TL Salz und Zimt zufügen. Mehl daraufsieben und unterheben. Die Frucht-Nuss-Mischung unterheben.

3 Oblaten auf dem Blech verteilen. Je ⅓ Teig auf jede Oblate streichen. Im vorgeheizten Backofen (E-Herd: 175 °C/Umluft: 150 °C/Gas: Stufe 2) 45–50 Minuten backen. Noch ca. 15 Minuten im ausgeschalteten Ofen lassen.

4 Puderzucker und Zitronensaft verrühren. Über das warme Gebäck träufeln, mit Hagelzucker bestreuen. Trocknen lassen. In je ca. 10 Stangen schneiden.

ZUBEREITUNGSZEIT ca. 40 Min.
BACKZEIT 45–50 Min.
RUHEZEIT ca. 15 Min.
STÜCK ca. 170 kcal
3 g E · 7 g F · 24 g KH

Gesunde Trockenfrüchte

Datteln und Feigen sind vor allem in der Vorweihnachtszeit im Handel. Sie liefern reichlich Ballaststoffe, die Ihre Verdauuung ankurbeln, und eine Extra-Portion Mineralstoffe, z. B. Kalium, Magnesium.

Kleine Macadamia-Taler

ZUTATEN FÜR CA. 20 STÜCK

- 175 g + etwas Mehl
- 50 g + 300 g Zucker
- Salz
- 100 g kalte + 25 g Butter
- 1 Ei (Gr. M)
- ca. 300 g Macadamia-Nusskerne (geröstet und gesalzen)
- 200 g Zartbitter-Kuvertüre
- 15 g weißes Plattenfett (z. B. Palmin)
- Backpapier

1 175 g Mehl, 50 g Zucker, 1 Prise Salz, 100 g Butter in Stückchen und Ei erst mit den Knethaken des Handrührgerätes, dann kurz mit den Händen zu einem glatten Teig verkneten. Auf etwas Mehl zu einer Rolle (ca. 5 cm Ø) formen. Zugedeckt ca. 1 Stunde kalt stellen.

2 Macadamia-Nüsse abspülen und gut trocken reiben. Teig in ca. 20 Scheiben schneiden, etwas flacher drücken. Auf 2 mit Backpapier ausgelegte Backbleche legen. Nüsse auf den Talern verteilen, leicht andrücken. Im vorgeheizten Backofen (E-Herd: 200 °C/Umluft: 175 °C/Gas: Stufe 3) 8–10 Minuten backen. Etwas abkühlen lassen.

3 300 g Zucker, 7 EL Wasser und 25 g Butter aufkochen. Unter Rühren kochen, bis der Karamell goldgelb ist. Mit einem Esslöffel zügig über die Nüsse verteilen. Evtl. zwischendurch nochmals erwärmen. Ca. 15 Minuten trocknen.

4 Kuvertüre hacken und mit dem Plattenfett im heißen Wasserbad schmelzen. Macadamia-Taler auf eine Gabel legen und die Teigseite in die Kuvertüre tauchen. Abtropfen, auf ein Kuchengitter setzen und trocknen lassen.

ZUBEREITUNGSZEIT ca. 1 Std.
KÜHLZEIT ca. 1 Std.
BACKZEIT PRO BLECH 8–10 Min.
TROCKENZEIT ca. 2 Std.
STÜCK ca. 330 kcal
3 g E · 21 g F · 29 g KH

Pflaumen-Käsekuchen mit Walnusskrokant

ZUTATEN FÜR CA. 16 STÜCKE

- Fett und Mehl für die Form
- 150 g + etwas Mehl
- 50 g + 175 g + 100 g Zucker
- 2 Päckchen Vanillin-Zucker
- Salz
- 7 Eier (Gr. M)
- 75 g kalte Butter
- 1 Glas (720 ml) Pflaumen/Zwetschen
- 2 EL Paniermehl
- 1 kg Magerquark
- 150 g + 50 g Schlagsahne
- 1 Päckchen Puddingpulver „Vanille" (zum Kochen; für ½ l Milch)
- 100 g Walnusskerne

1 Springform (26 cm Ø; ca. 7 cm hoch) fetten und mit Mehl ausstäuben. 150 g Mehl, 50 g Zucker, 1 Vanillin-Zucker, 1 Prise Salz, 1 Ei und Butter in Stückchen erst mit dem Handrührgerät, dann kurz mit den Händen glatt verkneten. Zugedeckt ca. 30 Minuten kalt stellen.

2 Pflaumen abtropfen lassen. Mürbeteig auf etwas Mehl rund (26 cm Ø) ausrollen. Auf den Boden der Form legen. Mit Paniermehl bestreuen.

3 6 Eier, 175 g Zucker, 1 Päckchen Vanillin-Zucker und 1 Prise Salz 4–5 Minuten schaumig schlagen. Quark, 150 g Sahne und Puddingpulver unterrühren. ⅓ Käsemasse in die Form streichen. ⅔ Pflaumen darauf verteilen. Reste Käsemasse und Pflaumen darauf verteilen. Im vorgeheizten Backofen (E-Herd: 175 °C/ Umluft: 150 °C/Gas: Stufe 2) ca. 1 Stunde backen.

4 Nüsse grob hacken. 100 g Zucker in einer großen Pfanne goldgelb karamellisieren. 50 g Sahne zugießen und unter Rühren köcheln, bis sich der Karamell gelöst hat. Sofort Nüsse unterrühren und auf dem heißen Kuchen verteilen. Ca. 5 Minuten weiterbacken. In der Form ca. 3 Stunden auskühlen lassen. Dazu passt Schlagsahne.

ZUBEREITUNGSZEIT ca. 1¼ Std.
KÜHLZEIT ca. 30 Min.
BACKZEIT ca. 65 Min.
AUSKÜHLZEIT ca. 3 Std.
STÜCK ca. 330 kcal
14 g E · 13 g F · 38 g KH

Nougat-Kringel mit Haselnüssen

ZUTATEN FÜR CA. 50 STÜCK

- 175 g + etwas Mehl
- 50 g Puderzucker
- 1 TL Zimt
- Salz
- 75 g kalte Butter
- 1 Ei (Gr. M)
- ca. 150 g Haselnusskerne (mit oder ohne Haut)
- 400 g Nussnougat (schnittfest)
- 300 g Zartbitter-Kuvertüre
- 300 g Vollmilch-Kuvertüre
- 75 g weiße Kuvertüre
- Backpapier
- 1 kleiner Gefrierbeutel

1 175 g Mehl, Puderzucker, Zimt und 1 Prise Salz, Butter in Stückchen und Ei erst mit den Knethaken des Handrührgerätes und dann kurz mit den Händen glatt verkneten. Den Mürbeteig zugedeckt ca. 30 Minuten kalt stellen.

2 2 Backbleche mit Backpapier auslegen. Teig auf wenig Mehl ca. 3 mm dick ausrollen. Insgesamt ca. 50 Ringe (außen ca. 5 cm Ø; Loch innen ca. 2 cm Ø) ausstechen und auf die Bleche legen. Im vorgeheizten Backofen (E-Herd: 175 °C/ Umluft: 150 °C/Gas: Stufe 2) 10–12 Minuten backen. Auskühlen lassen.

3 Haselnüsse ohne Fett rösten und auskühlen lassen. Nougat würfeln und im heißen Wasserbad schmelzen. Auskühlen lassen. Kalt stellen, bis die Masse spritzfähig ist. In einen Spritzbeutel (mit mittelgroßer Lochtülle) füllen. Auf jeden Ring einen Nougatring spritzen und ca. 7 Haselnüsse daraufsetzen. Mindestens 3 Stunden an einen kühlen Ort stellen.

4 Zartbitter- und Vollmilch-Kuvertüre hacken und zusammen im heißen Wasserbad schmelzen. Kringel damit überziehen und trocknen lassen.

5 Weiße Kuvertüre grob hacken, im heißen Wasserbad schmelzen. In einen Gefrierbeutel geben. Eine kleine Ecke abschneiden. Kringel damit verzieren, trocknen lassen.

ZUBEREITUNGSZEIT ca. 1 Std.
AUSKÜHL-/KÜHLZEIT ca. 4 Std.
BACKZEIT PRO BLECH 10–12 Min.
TROCKENZEIT ca. 1 Std.
STÜCK ca. 160 kcal
2 g E · 10 g F · 15 g KH

Mini-Nussecken

ZUTATEN FÜR CA. 150 STÜCK

- 200 g Mehl
- 1 gestrichener TL Backpulver
- 100 g + 100 g Zucker
- Salz
- 3 Päckchen Vanillin-Zucker
- 125 g kalte Butter
- 1 Ei (Gr. M)
- 100 g Marzipan-Rohmasse
- 2 EL Cognac/Weinbrand
- je 200 g gehackte und gemahlene Haselnüsse
- 150 g Crème fraîche
- je 200 g weiße und Zartbitter-Kuvertüre
- Backpapier

1 Mehl, Backpulver, 100 g Zucker, 1 Prise Salz, 1 Päckchen Vanillin-Zucker, Butter in Stückchen und Ei erst mit den Knethaken des Handrührgerätes, dann kurz mit den Händen glatt verkneten. Auf einem mit Backpapier ausgelegten Backblech (ca. 35 x 40 cm) ausrollen und mit einer Gabel mehrmals einstechen.

2 Marzipan grob raspeln. Mit Cognac und Nüssen mischen. Crème fraîche, 100 g Zucker und 2 Vanillin-Zucker bei mittlerer Hitze unter Rühren im kleinen Topf aufkochen. Sofort über die Nüsse gießen und alles verrühren. Auf den Mürbeteig streichen. Im vorgeheizten Backofen (E-Herd: 175 °C/Umluft: 150 °C/ Gas: Stufe 2) ca. 25 Minuten backen. Auskühlen lassen.

3 Gebäck in Quadrate (ca. 4 x 4 cm) schneiden und jeweils diagonal halbieren. Kuvertüren grob hacken und getrennt im heißen Wasserbad schmelzen. Hälfte Nussecken mit je einer Ecke in die weiße, andere Hälfte der Nussecken in die dunkle Kuvertüre tauchen. Trocknen lassen.

ZUBEREITUNGSZEIT ca. 1 Std.
BACKZEIT ca. 25 Min.
AUSKÜHLZEIT ca. 1 Std.
STÜCK ca. 60 kcal
1 g E · 4 g F · 5 g KH

Apfel-Schoko-Torte

ZUTATEN FÜR CA. 16 STÜCKE

- Fett und Mehl für die Form
- 100 g Walnusskerne
- 750 g säuerliche Äpfel
- 5 EL Zitronensaft
- 250 g Butter
- 300 g + 300 g Edel-Kuvertüre (70 % Kakao)
- 5 Eier (Gr. M)
- Salz
- 250 g Zucker
- 175 g Mehl
- 1 gestrichener TL Backpulver
- 1 TL Lebkuchen-Gewürz
- 25 g weißes Plattenfett (z. B. Palmin)
- Backpapier

1 Springform (26 cm Ø; ca. 7 cm hoch) fetten und mit Mehl ausstäuben. Nüsse grob hacken. ½ Apfel kalt stellen. Rest Äpfel schälen, vierteln, entkernen, in Würfel schneiden. Sofort mit 3 EL Zitronensaft beträufeln.

2 Butter würfeln. Von 300 g Kuvertüre mit einem Sparschäler ca. 2 EL Späne abziehen. Rest von den 300 g Kuvertüre grob hacken und mit der Butter im heißen Wasserbad schmelzen. Etwas abkühlen lassen.

3 Eier trennen. Eiweiß und 1 Prise Salz steif schlagen. Eigelb und Zucker ca. 5 Minuten cremig schlagen. Flüssige Schokobutter im dünnen Strahl darunterschlagen. Mehl, Backpulver und Lebkuchen-Gewürz daraufsieben, unterheben. Erst Eischnee, dann Nüsse und Apfelwürfel unterheben. In die Form streichen. Im vorgeheizten Backofen (E-Herd: 200 °C/Umluft: 175 °C/Gas: Stufe 3) ca. 1 Stunde backen (evtl. nach ca. 45 Minuten abdecken). Auskühlen lassen.

4 300 g Kuvertüre hacken, mit Plattenfett im heißen Wasserbad schmelzen. Rest Apfel waschen, halbieren, entkernen und in Spalten schneiden. Mit 2 EL Zitronensaft beträufeln. Dann trocken tupfen, zur Hälfte in die Kuvertüre tauchen. Auf Backpapier etwas trocknen lassen. Mit einem Teelöffel etwas Kuvertüre in Streifen über die Schokoseite der Apfelspalten träufeln. Trocknen lassen.

5 Rest Kuvertüre nochmals erwärmen und die Torte damit überziehen. Die Torte mit Schokoäpfeln und -spänen verzieren. Trocknen lassen.

ZUBEREITUNGSZEIT ca. 1 Std.
BACKZEIT ca. 1 Std.
AUSKÜHLZEIT ca. 1 Std.
TROCKENZEIT ca. 3 Std.
STÜCK ca. 520 kcal
8 g E · 33 g F · 43 g KH

* *lässt sich prima einfrieren*

Honig-Nusskonfekt

ZUTATEN FÜR CA. 60 STÜCK

- 500 g Nusskerne (z. B. Hasel-, Wal-, Pekannüsse und Mandeln)
- etwas + 125 g + 200 g kalte Butter
- 250 g + etwas Mehl
- 1 gestrichener TL Backpulver
- 100 g + 250 g Zucker
- 1 Päckchen Vanillin-Zucker
- Salz
- 1 Ei (Gr. M)
- 125 g flüssiger Honig
- 6 EL (60 g) Schlagsahne

1 Nüsse grob hacken. Fettpfanne (ca. 32 x 39 cm) fetten. 250 g Mehl, Backpulver, 100 g Zucker, Vanillin-Zucker, 1 Prise Salz, 125 g Butter in Stückchen und Ei erst mit den Knethaken des Handrührgerätes, dann kurz mit den Händen glatt verkneten. Auf der Fettpfanne mit etwas Mehl bestäuben, ausrollen und mit einer Gabel öfter einstechen.

2 200 g Butter, Honig und 250 g Zucker schmelzen, unter Rühren ca. 5 Minuten köcheln. Vom Herd ziehen, Sahne und Nüsse unterrühren. Auf dem Teig verteilen. Im vorgeheizten Backofen (E-Herd: 175 °C/Umluft: 150 °C/Gas: Stufe 2) ca. 25 Minuten backen. Auskühlen lassen. In ca. 4 cm große Würfel schneiden.

ZUBEREITUNGSZEIT ca. 50 Min.
BACKZEIT ca. 25 Min.
STÜCK ca. 160 kcal
2 g E · 11 g F · 11 g KH

Und so schneiden Sie's

Die Nussplatte ist recht hart. Am einfachsten lässt sie sich mit einem Elektromesser in Würfel schneiden. Geht auch mit dem Pizzaschneider.

Käse-
Walnusstorte
Zimtwaffeln &
Rum-Pflaumen
Eierlikör-
Lebkuchen-Kranz

Einladung zum Adventskaffee

Machen Sie es sich mit lieben Freunden gemütlich bei Eierlikör-Kranz, Zimtwaffeln und Co. Das wird ein schöner Kaffeeklatsch!

Linzer Törtchen

Eierlikör-Lebkuchen-Kranz

ZUTATEN FÜR CA. 18 STÜCKE

- Fett und Paniermehl für die Form
- 150 g Lebkuchenplätzchen (z. B. Kemm'sche Braune Kuchen)
- 250 g weiche Butter/Margarine
- 250 g Zucker
- 1 Päckchen Vanillin-Zucker
- 4 Eier (Gr. M)
- 250 g Mehl
- 1 Päckchen Backpulver
- ¼ l Eierlikör
- 6–7 EL Orangensaft
- 125 g Puderzucker
- 1 EL gehackte Pistazien
- Holzstäbchen

1 Napfkuchenform (3 l Inhalt) fetten und mit Paniermehl ausstreuen. Plätzchen zerbröseln. Fett, Zucker und Vanillin-Zucker cremig rühren. Eier einzeln unterrühren. Mehl und Backpulver mischen, im Wechsel mit dem Eierlikör kurz unterrühren. Plätzchenbrösel unterheben.

2 Teig in die Form füllen. Im vorgeheizten Backofen (E-Herd: 175 °C/ Umluft: 150 °C/Gas: Stufe 2) ca. 1 Stunde backen. Auskühlen lassen.

3 Kuchen stürzen. Mit dem Holzstäbchen öfter einstechen, mit 4–5 EL Saft beträufeln. Restlichen Saft und Puderzucker verrühren. Kuchen damit überziehen. Mit Pistazien bestreuen.

ZUBEREITUNGSZEIT ca. 30 Min.
BACKZEIT ca. 1 Std.
AUSKÜHLZEIT ca. 2 Std.
STÜCK ca. 330 kcal
5 g E · 15 g F · 41 g KH

Zimtwaffeln & Rum-Pflaumen

ZUTATEN FÜR 8–10 STÜCK

- 1 Glas (720 ml) Pflaumen
- 1 Päckchen Soßenpulver „Vanille" (zum Kochen; für ½ l Flüssigkeit)
- 50 g + 100 g Zucker
- 3 EL Rum
- 200 g weiche Butter/Margarine
- 1 Päckchen Vanillin-Zucker
- Salz
- ca. 1 TL Zimt
- 3 Eier (Gr. M)
- 250 g Mehl
- 75 g gemahlene Mandeln
- 1 gehäufter TL Backpulver
- 100 ml Milch
- Öl fürs Waffeleisen

1 Pflaumen abtropfen lassen, den Saft auffangen. 5 EL Saft, Soßenpulver und 50 g Zucker verrühren. Übrigen Saft aufkochen. Angerührtes Soßenpulver einrühren, kurz aufkochen. Rum und Pflaumen unterheben. Auskühlen lassen.

2 Fett, Vanillin-Zucker, 1 Prise Salz, etwas Zimt und 100 g Zucker cremig rühren. Eier einzeln unterrühren. Mehl, Mandeln und Backpulver mischen, im Wechsel mit der Milch kurz unterrühren.

3 Waffeleisen vorheizen. Mit etwas Öl einstreichen. Aus dem Teig nacheinander 8–10 Waffeln backen. Mit Rest Zimt bestäuben und mit den Rum-Pflaumen servieren. Dazu schmeckt Schlagsahne.

ZUBEREITUNGSZEIT ca. 40 Min.
AUSKÜHLZEIT ca. 1 Std.
STÜCK ca. 410 kcal
6 g E · 23 g F · 41 g KH

Plätzchen-Deko

Über einen hübsch gedeckten Tisch freut sich jeder. Und diese Platz-Deko ist ruck, zuck gemacht. Für den Serviettenring (links) Kekse mit Zuckerguss an einem schlichten Reifen befestigen, Tannenzweig und Kuchengabeln dazustecken. Für das liebevolle „Tischkärtchen" größere Plätzchenausstecher mit Schleife, Buchsbaumzweig und Namensschildchen aus Fotokarton versehen.

Alle Rezepte reichen

Käse-Walnusstorte

ZUTATEN FÜR CA. 16 STÜCKE

- Fett für die Form
- 50 g + 75 g Walnusskerne
- 200 g + etwas Mehl
- 50 g + 150 g + 2 EL Zucker
- 100 g kalte + 25 g Butter/Margarine
- Salz
- 6 Eier (Gr. M)
- 2 Dosen (à 314 ml) Mandarinen
- 500 g Magerquark
- 1 Päckchen Puddingpulver „Vanille" (zum Kochen; für ½ l Flüssigkeit)
- 1 EL Hagelzucker
- 16 Walnusskerne zum Verzieren

1 Springform (26 cm Ø) fetten. 50 g Nüsse mahlen. Mit 200 g Mehl, 50 g Zucker, 100 g Fett in Stückchen, 1 Prise Salz und 1 Ei verkneten. Ca. 30 Minuten kalt stellen.

für 8 Personen

2 Mandarinen abtropfen lassen. 75 g Walnüsse hacken, 1 EL beiseite legen. 25 g Fett schmelzen, abkühlen lassen. 5 Eier trennen. Quark, Eigelb, 150 g Zucker, gehackte Nüsse, Fett und Puddingpulver verrühren. Mandarinen unterheben.

3 Teig auf etwas Mehl zum Kreis (ca. 30 cm Ø) ausrollen. In die Form legen und am Rand ca. 2 cm hochdrücken.

4 Eiweiß steif schlagen und 2 EL Zucker einrieseln lassen. Unter die Quarkmasse heben. Auf den Boden füllen. Im vorgeheizten Backofen (E-Herd: 200 °C/ Umluft: 175 °C/Gas: Stufe 3) ca. 15 Minuten vorbacken. Dann bei 175 °C (Umluft: 150 °C/Gas: Stufe 2) auf der mittleren Schiene ca. 45 Minuten weiterbacken.

5 Torte auskühlen lassen und mit Hagelzucker bestreuen. Mit 1 EL gehackten und den ganzen Walnüssen verzieren.

ZUBEREITUNGSZEIT ca. 45 Min.
KÜHL-/AUSKÜHLZEIT ca. 4½ Std.
BACKZEIT ca. 1 Std.
STÜCK ca. 300 kcal
10 g E · 15 g F · 30 g KH

Linzer Törtchen

ZUTATEN FÜR 8 STÜCK

- etwas + 150 g kalte Butter/Margarine
- 175 g + etwas Mehl
- 150 g + etwas Puderzucker
- 100 g gemahlene Mandeln
- 1 Ei (Gr. M) • Salz
- je 1 Msp. Zimt und gemahlene Nelken
- 250 g Himbeer-Konfitüre

1 8 Tortelett-Förmchen (10 cm Ø) fetten. 150 g Fett in Stückchen, 175 g Mehl, 150 g Puderzucker, Mandeln, Ei, 1 Prise Salz, Zimt und Nelken glatt verkneten. Zugedeckt ca. 1 Stunde kalt stellen.

2 Teig in 9 Stücke teilen. 8 Teile in die Förmchen drücken. Böden mehrmals einstechen. Konfitüre darauf verteilen. Im vorgeheizten Backofen (E-Herd: 175 °C/Umluft: 150 °C/Gas: Stufe 2) ca. 30 Minuten backen.

3 Rest Teig auf Mehl ausrollen. Kleine Sterne ausstechen. Auf die Törtchen setzen und weitere 15–20 Minuten backen. Auskühlen lassen. Vorsichtig stürzen und wieder umdrehen. Mit Puderzucker bestäuben.

ZUBEREITUNGSZEIT ca. 1 Std.
KÜHLZEIT ca. 1 Std.
BACKZEIT 45–50 Min.
STÜCK ca. 460 kcal
5 g E · 23 g F · 55 g KH

Das wärmt nach dem Winterspaziergang

Draußen stürmt's und schneit's? Diese heißen Drinks heizen Ihnen von innen so richtig ein.

Anis-Kaffee mit Mandelschaum

Für 8 Gläser (s. Foto)

200 g Mandeln grob hacken, rösten. **½ l Milch** zufügen, aufkochen und ca. 15 Minuten ziehen lassen, durchsieben. **8 Sternanis** in je ein hitzefestes Glas geben. Mit **2 l heißem Kaffee** auffüllen. Milch wieder erhitzen, aufschäumen und einfüllen. Mit **je 1 TL braunem Zucker** bestreuen. Evtl. mit **Pralinen auf Spießchen** verzieren.

Amaretto-Kaffee

Für 8 Tassen

400 g Schlagsahne steif schlagen, dabei **4 TL Zucker** einrieseln lassen. **1,2 l starken Kaffee** mit **150 ml Amaretto** verrühren. Sahne nach Belieben daraufspritzen oder als Haube daraufsetzen. Mit Kakao bestäuben.

Espresso-Schoko-Kugeln

ZUTATEN FÜR CA. 40 STÜCK

- 250 g dunkler Wiener Boden
- 3 EL Espresso-Pulver (Instant)
- 200 g Zartbitter-Schokolade
- 75 g Butter
- 75 g gemahlene Mandeln (ohne Haut)
- 2 Päckchen Vanillin-Zucker
- Raspel-Schokolade und Kakao zum Verzieren
- Puderzucker zum Bestäuben

1 Wiener Boden sehr fein zerbröseln. Espresso und 7 EL heißes Wasser verrühren, abkühlen lassen. Schokolade in Stücke brechen, mit der Butter im heißen Wasserbad schmelzen. Mit Bröseln, Mandeln, Vanillin-Zucker und Espresso mischen. Ca. 1½ Stunden kühl stellen.

2 Aus der Masse mit kühlen Händen ca. 40 Kugeln formen. In Raspel-Schokolade oder Kakao wenden, einige mit Puderzucker bestäuben. Kühl lagern.

ZUBEREITUNGSZEIT ca. 1 Std.
KÜHLZEIT ca. 1½ Std.
STÜCK ca. 70 kcal
1 g E · 4 g F · 7 g KH

Einfach zum Dahinschmelzen

Zarter Schmelz und feinstes Aroma – nichts ist leichter, als andere mit selbst gemachten Pralinen in Versuchung zu führen

Nougat-Schokoladen-Fächer

ZUTATEN FÜR 25 STÜCK

- 50 g Zartbitter-Kuvertüre
- 200 g Nussnougat (schnittfest)
- 125 g weiche Butter
- 1 EL (25 g) flüssiger Honig
- 1 TL Kirschwasser oder 1 Beutel Kirsch-Back
- ca. 2½ Packungen (à 125 g) hauchdünne Schoko-Täfelchen
- 25 g Marzipan-Rohmasse
- 1 leicht gehäufter EL + etwas Puderzucker
- ca. 30 g weiße Kuvertüre
- evtl. 4 rote Belegkirschen

1 Zartbitter-Kuvertüre und Nougat grob hacken. Zusammen im heißen Wasserbad schmelzen. Butter und Honig cremig rühren. Nougatmasse und Kirschwasser nach und nach unterrühren. Ca. 15 Minuten kalt stellen.

2 Masse ca. 1 Minute cremig aufschlagen. In einen Spritzbeutel (mit Lochtülle) füllen. Je 1 kleinen Tuff auf 25 Schoko-Täfelchen spritzen, je 1 Täfelchen schräg daraufdrücken. Diesen Vorgang 3x wiederholen. Ca. 1 Stunde kühlen.

3 Marzipan mit 1 EL Puderzucker verkneten und auf etwas Puderzucker ausrollen. Sternchen ausstechen.

4 Weiße Kuvertüre grob hacken und schmelzen. Fächer in Streifen damit bespritzen. Mit geviertelten Kirschen und Marzipan-Sternchen verzieren. Trocknen lassen. Kühl lagern.

ZUBEREITUNGSZEIT ca. 1 Std.
KÜHLZEIT ca. 1¼ Std.
STÜCK ca. 180 kcal
2 g E · 12 g F · 14 g KH

Marzipan-Pistazien-Pastete

ZUTATEN FÜR 39–45 STÜCK

- 200 g Nussnougat (schnittfest)
- 1 fertige Marzipan-Decke
- 40 g gemahlene Pistazien
- 1 EL Orangenlikör
- Puderzucker für die Arbeitsfläche
- 1 TL gehackte Mandeln
- 200 g Zartbitter-Kuvertüre

1 Nougat im Wasserbad schmelzen. Marzipandecke zum Rechteck (20 x 30 cm) schneiden. Dieses in 3 ca. 10 cm breite Streifen schneiden. Nougat daraufstreichen, Ränder frei lassen. Ca. 30 Minuten ruhen lassen (Nicht kühlen!).

2 Pistazien, Marzipanreste und Likör auf Puderzucker verkneten. Zur 60 cm langen Rolle formen, in drei 20 cm lange Stücke schneiden. In die Mitte der Streifen legen, darin einschlagen. Kanten andrücken. Ca. 1 Stunde kalt stellen.

3 Mandeln rösten, auskühlen lassen. Kuvertüre grob hacken und im heißen Wasserbad schmelzen. Rollen auf einem Gitter damit überziehen. Mit Mandeln bestreuen. 1 Stunde kühlen. Pasteten in je 13–15 Ecken schneiden.

ZUBEREITUNGSZEIT ca. 1 Std.
RUHE-/KÜHLZEIT ca. 2½ Std.
STÜCK ca. 50 kcal
1 g E · 3 g F · 5 g KH

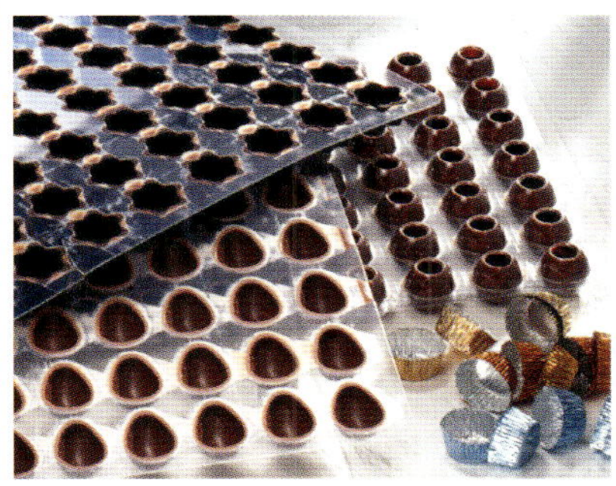

Wie vom Konditor

Was Profis können, können Sie auch. Die füllen nämlich einfach fertige Pralinen-Halbschalen oder -Hohlkugeln z. B. mit Trüffelmasse (s. S. 174). Dann mit Kuvertüre verschließen und evtl. in bunte Alu-Pralinenmanschetten setzen. Alles zum Bestellen, z. B. unter www.wohlers-versandhandel.de

Baileys-Nuss-Tütchen

ZUTATEN FÜR CA. 50 STÜCK

- ca. 30 g + 100 g Vollmilch-Schokolade
- 100 g Zartbitter-Schokolade
- 200 g Schlagsahne
- 50 g Walnusskerne
- 2 EL (30 g) flüssiger Honig
- 2 EL Baileys (Whiskey-Likör)
- ca. 50 farbige Pralinen-Spritztüten aus Aluminium

1 30 g Vollmilch-Schokolade mit einem Sparschäler in Röllchen hobeln. Zartbitter- und 100 g Vollmilch-Schokolade in Stücke brechen. Sahne aufkochen, vom Herd ziehen, Schokostücke darin unter Rühren auflösen. Auskühlen lassen. Zugedeckt ca. 2 Stunden kalt stellen.

2 Nüsse sehr fein hacken (fast gemahlen). Schokosahne cremig aufschlagen. Honig, Likör und gehackte Nüsse, bis auf 3 TL, unterheben. In einen Spritzbeutel mit Sterntülle füllen und in die Pralinen-Tütchen spritzen. Mit Schokoröllchen und Nüssen bestreuen. Mind. 1 Stunde kühl stellen.

ZUBEREITUNGSZEIT ca. 50 Min.
AUSKÜHLZEIT ca. 30 Min.
KÜHLZEIT mind. 3 Std.
STÜCK ca. 50 kcal
1 g E · 3 g F · 3 g KH

Extra-Tipp

Die Pralinen-Tütchen kann man auch selbst falten: Kreise (7 cm Ø) aus stabiler Alufolie oder Metallpapier ausschneiden, evtl. doppelt aufeinanderlegen und zur Tüte aufrollen.

Traumhafte Trüffelspitzen

ZUTATEN FÜR CA. 20 STÜCK

- 150 g + 250 g Zartbitter-Kuvertüre
- 250 g Schlagsahne
- 500 g Marzipan-Rohmasse
- 100 g Puderzucker
- 2 leicht gehäufte EL (20 g) Kakao
- ca. 20 Amarena-Kirschen (kandiert in Sirup; 250-g-Glas)
- 1 EL Öl oder ½ Würfel (10 g) weißes Plattenfett (z. B. Palmin)
- evtl. Blattgold zum Verzieren
- Backpapier
- 1 großer Gefrierbeutel

1 Gesamte Kuvertüre grob hacken. Sahne aufkochen und vom Herd ziehen. 150 g Kuvertüre unter Rühren darin schmelzen. Auskühlen lassen. Dann ca. 3 Stunden kalt stellen.

2 Marzipan grob raspeln. Puderzucker und Kakao mischen, mit dem Marzipan verkneten. Portionsweise auf Backpapier setzen, einen Gefrierbeutel darauflegen und ca. 1 mm dick ausrollen. Ca. 20 Quadrate (ca. 10 x 10 cm) ausschneiden.

3 Schokosahne mit dem Handrührgerät kurz aufschlagen und in einen Spritzbeutel mit großer Lochtülle füllen. In die Mitte der Quadrate jeweils 1 Tuff (ca. 1,5 cm Ø; ca. 1,5 cm hoch) spritzen und 1 Kirsche darauflegen.

4 Jedes Marzipanquadrat an allen 4 Spitzen hochziehen und über der Kirsche zur kegelförmigen Spitze zusammendrücken. Ca. 30 Minuten kühlen.

5 250 g Kuvertüre mit Öl im heißen Wasserbad schmelzen. Pralinen kurz hineintauchen, abtropfen und auf einem Pralinengitter oder Backpapier etwas antrocknen lassen. Spitzen mit Blattgold verzieren, ganz trocknen lassen. An einem kühlen trockenen Ort (nicht im Kühlschrank) aufbewahren.

ZUBEREITUNGSZEIT ca. 2 Std.
KÜHLZEIT ca. 3½ Std.
TROCKENZEIT ca. 4 Std.
STÜCK ca. 280 kcal
4 g E · 19 g F · 22 g KH

Orangen-Nougat-Konfekt

ZUTATEN FÜR CA. 28 STÜCK

- 4–5 (80–100 g) kandierte Orangenscheiben
- 400 g Nussnougat (schnittfest)
- abgeriebene Schale von 1 Bio-Orange
- 200 g Marzipan-Rohmasse
- 75 g + etwas Puderzucker
- ca. 2 EL Orangen-Marmelade
- Frischhaltefolie

1 3 Orangenscheiben fein würfeln. Nougat grob würfeln, im heißen Wasserbad schmelzen. Orangenwürfel und geriebene Orangenschale unterrühren. Abkühlen lassen bzw. evtl. kurz kalt stellen, bis die Masse streichfähig ist.

2 Marzipan grob raspeln. Mit 75 g Puderzucker mit den Händen kurz verkneten, halbieren. Jede Hälfte zwischen 2 Lagen Folie zur Platte (ca. 18 x 24 cm) ausrollen. 1 Platte (mit Folien) auf ein Brett legen, obere Folie abziehen. Mit Nougat bestreichen, etwas fester werden lassen. 2. Platte mithilfe der unteren Folie darauflegen, Folie abziehen. Ca. 1 Stunde kühlen.

3 Auf ein dünn mit Puderzucker bestäubtes Brett stürzen, Folie abziehen. Platte längs in Streifen (ca. 3 cm breit) schneiden. Dann diagonal in 3 cm breite Streifen schneiden, sodass Rauten entstehen.

4 Rest Orangenscheiben in ca. 28 kleine Ecken schneiden. Marmelade leicht erwärmen. Rauten mit je 1 Klecks Marmelade und 1 Orangenecke verzieren. Trocknen lassen.

ZUBEREITUNGSZEIT ca. 50 Min.
KÜHLZEIT ca. 1¼ Std.
STÜCK ca. 110 kcal
2 g E · 5 g F · 14 g KH

Lager-Tipp

Pralinen sollten kühl, aber nicht im Kühlschrank gelagert werden. Im ungeheizten Raum, z. B. im Keller, bleiben Sie 10–14 Tage frisch.

Weiße Kokosträffel

ZUTATEN FÜR CA. 75 STÜCK

- 600 g weiße Kuvertüre
- 100 g Schlagsahne
- 100 ml Kokoslikör (z. B. Batida de Coco)
- 100 g weißes Plattenfett (z. B. Palmin)
- 100 g Butter
- 100 g kleine Mandeln (ohne Haut)
- 150 g Kokosraspel
- Frischhaltefolie
- evtl. 75 Pralinenmanschetten

1 Kuvertüre grob hacken und unter Rühren im heißen Wasserbad schmelzen. Sahne und Likör erhitzen (nicht kochen!). Plattenfett und Butter würfeln. Sahne vom Herd ziehen, Plattenfett und Butter darin schmelzen. Flüssige Kuvertüre nach und nach unter die lauwarme Masse rühren. Weiterrühren, bis eine homogene Masse entstanden ist.

2 Rechteckige Form (ca. 20 x 30 cm) mit Folie auslegen. Trüffelmasse einfüllen und auskühlen lassen. Mit Folie abdecken und über Nacht kalt stellen.

3 Trüffelmasse auf ein Brett stürzen und die Folie abziehen. Masse in ca. 75 Würfel schneiden. Würfel mit kalten Händen rasch zu Kugeln formen, dabei je 1 Mandel einarbeiten. In Kokosraspeln wälzen. Auf einem Tablett 1–2 Stunden kühl stellen. In Pralinenmanschetten setzen. Kühl lagern.

ZUBEREITUNGSZEIT ca. 1 Std.
AUSKÜHL-/KÜHLZEIT 13–14 Std.
STÜCK ca. 100 kcal
1 g E · 8 g F · 5 g KH

Cappuccino-Trüffel

ZUTATEN FÜR CA. 45 STÜCK

- 400 g Schlagsahne
- 1 gehäufter EL Espressopulver (Instant)
- 200 g Zartbitter-Schokolade
- 200 g Nussnougat (schnittfest)
- evtl. goldene Zuckerperlen
- ca. 45 Aluminium-Förmchen

1 Sahne und Espresso aufkochen, vom Herd ziehen. Schokolade in Stücke brechen, Nougat grob hacken. Beides unter Rühren in der Sahne schmelzen. Ca. 3 Stunden kalt stellen.

2 Schokosahne knapp 1 Minute cremig aufschlagen. In einen Spritzbeutel (mit mittelgroßer Sterntülle) füllen. Jeweils 1 Tuff in die Förmchen spritzen. Mit Perlen verzieren. Mind. 2 Stunden kühlen. Kühl lagern.

ZUBEREITUNGSZEIT ca. 30 Min.
KÜHLZEIT mind. 5 Std.
STÜCK ca. 70 kcal
1 g E · 5 g F · 5 g KH

Christmas-Schoko-Würfel

ZUTATEN FÜR CA. 30 STÜCK

- 100 g Haselnusskerne
- 200 g Zartbitter-Kuvertüre
- 200 g Vollmilch-Kuvertüre
- 200 g Nussnougat (schnittfest)
- 100 g Butter
- 1 TL Lebkuchen-Gewürz
- 100 g Mandelkerne (ohne Haut)
- 60 g Pistazienkerne
- evtl. gehackte Pistazien zum Verzieren
- Backpapier

1 Haselnüsse in einer Pfanne ohne Fett rösten. Die Haut in einem Sieb mit Küchenpapier kräftig abrubbeln. Gesamte Kuvertüre grob hacken. Nougat und Butter würfeln, mit der Kuvertüre unter Rühren im heißen Wasserbad schmelzen. Gewürz unterrühren, dann Haselnüsse, Mandeln und Pistazien unterheben.

2 Eine quadratische Form (z. B. Auflaufform; ca. 22 x 22 cm) mit Backpapier auslegen. Nuss-Schokolade einfüllen, mit einem Esslöffel wellenförmig verstreichen. An einem kühlen Ort (nicht im Kühlschrank!) über Nacht fest werden lassen.

3 Schokolade aus der Form stürzen, Backpapier abziehen. Schokolade in Würfel schneiden und mit gehackten Pistazien bestreuen. Kühl lagern.

ZUBEREITUNGSZEIT ca. 20 Min.
KÜHLZEIT ca. 12 Std.
STÜCK ca. 190 kcal
3 g E · 14 g F · 12 g KH

Schöne Würfel

Am besten geht's mit dem Elektromesser. Wer keins hat, nimmt ein großes Messer und taucht es vorm Schneiden immer wieder in heißes Wasser.

Feigen-Marzipan-Konfekt

ZUTATEN FÜR CA. 50 STÜCK

- 175 g Vollmilch-Kuvertüre
- 1 Würfel (25 g) weißes Plattenfett (z. B. Palmin)
- 200 g getrocknete Feigen
- 200 g Marzipan-Rohmasse
- 125 g Pistazienkerne
- Backpapier
- evtl. ca. 50 Pralinen-Manschetten

1 Kuvertüre grob hacken. Mit Plattenfett im heißen Wasserbad schmelzen. Etwas abkühlen lassen.

2 Feigen und Marzipan in feine Würfel scheiden. Pistazien grob hacken. Kuvertüre nochmals kurz erhitzen.

3 Feigen, Marzipan, 100 g Pistazien und Kuvertüre mischen. Mit 2 Teelöffeln ca. 50 Häufchen (ca. 2 cm Ø) auf 2 mit Backpapier ausgelegte Tabletts oder Bleche setzen. Mit den restlichen Pistazien bestreuen. Trocknen lassen. In Pralinen-Manschetten setzen. Kühl lagern.

ZUBEREITUNGSZEIT ca. 45 Min.
TROCKENZEIT ca. 1 Std.
STÜCK ca. 70 kcal
1 g E · 4 g F · 7 g KH

Schokoladen-Knusper-Flakes

ZUTATEN FÜR CA. 30 STÜCK

- etwas Öl
- je 100 g Zartbitter- und Vollmilch-Schokolade
- 2 Würfel (50 g) weißes Plattenfett (z. B. Palmin)
- evtl. ¼–½ TL Zimt
- 100 g Cornflakes
- Alufolie

1 Ein Stück Alufolie auf ein Backblech oder Brett legen und dünn mit Öl bestreichen. Gesamte Schokolade in Stücke brechen. Mit Plattenfett im heißen Wasserbad unter Rühren schmelzen. Zimt darunterrühren.

2 Cornflakes unter die Schokolade heben und wenden, bis alle völlig bedeckt sind.

3 Mithilfe von 2 Teelöffeln ca. 30 Häufchen auf die Alufolie setzen. Am kühlen Ort mind. 6 Stunden (am besten über Nacht) trocknen lassen.

ZUBEREITUNGSZEIT ca. 25 Min.
TROCKENZEIT mind. 6 Std.
STÜCK ca. 70 kcal
1 g E · 4 g F · 6 g KH

Winterlicher Tannenwald

ZUTATEN FÜR CA. 5 BÄUMCHEN

- 1 Ei (Gr. M)
- 250 g kalte Butter/Margarine
- 125 g Puderzucker
- 350 g + etwas Mehl
- je 1 Bio-Zitrone und Orange oder je 1 TL fertig geriebene Schale
- 60 g Pistazienkerne
- je 50 g Mohn und Sesam
- Puderzucker zum Bestäuben
- 200 g getrocknete Aprikosen
- Backpapier
- lange Holzspieße

1 Ei trennen. Eiweiß kalt stellen. Fett in Stückchen, Puderzucker, 350 g Mehl und Eigelb in eine Rührschüssel geben. Zitrone und Orange heiß abwaschen und trocken tupfen. Von beiden die Schale abreiben und in die Schüssel geben.

2 Alles erst mit den Knethaken des Handrührgerätes, dann kurz mit den Händen zu einem glatten Teig verkneten. Zugedeckt ca. 30 Minuten kalt stellen.

3 Teig auf einer leicht bemehlten Arbeitsfläche portionsweise ausrollen. Ca. 35 Sterne in verschiedenen Größen ausstechen und auf 2 mit Backpapier ausgelegte Backbleche legen. Aus dem Rest Teig kleine Tiere und Bäumchen ausstechen. Jeweils ein kleines Loch in die Mitte der Sterne stechen. Figuren mit Eiweiß bepinseln.

4 Pistazien fein mahlen. Sterne mit Pistazien, Mohn oder Sesam bestreuen. Im vorgeheizten Backofen (E-Herd: 175 °C/Umluft: 150 °C/Gas: Stufe 2) ca. 7 Minuten backen. Anschließend die Löcher nacharbeiten.

5 Sterne auf einem Kuchengitter auskühlen lassen. Mit Puderzucker bestäuben. Der Größe nach abwechselnd mit getrockneten Aprikosen auf Holzspieße stecken. Aprikosen dabei evtl. etwas kleiner schneiden.

ZUBEREITUNGSZEIT ca. 1¼ Std.
KÜHLZEIT ca. 30 Min.
BACKZEIT PRO BLECH ca. 7 Min.

Süße Geschenke aus der Küche

Das wird eine schöne Bescherung! Lassen Sie sich einfach von unseren gebackenen Präsenten zum Vernaschen inspirieren

Der kleine Eisbär „Flocke“

ZUTATEN FÜR CA. 32 STÜCK

- 100 g weiche Butter
- 80 g brauner Zucker
- 1 TL Christstollen-Gewürz • Salz
- 75 g heller Zuckerrübensirup oder flüssiger Honig
- 1 Ei + 1 frisches Eiweiß (Gr. M)
- 275 g + etwas Mehl
- 1 gestrichener TL Natron
- 1 gestrichener TL Backpulver
- 1 TL + 1–2 EL Zitronensaft
- 200 g Puderzucker
- blaue Speisefarbe
- Zuckerperlen (z. B. hellblaue)
- Backpapier
- 2 kleine Gefrierbeutel

1 Butter, braunen Zucker, Gewürz und 1 Prise Salz cremig rühren. Erst Sirup und dann 1 Ei unterrühren. 275 g Mehl, Natron und Backpulver mischen und darunterkneten. Zugedeckt ca. 1 Stunde in den Kühlschrank stellen.

2 Auf wenig Mehl ca. 4 mm dick ausrollen, Eisbären (ca. 9 cm lang) ausstechen. Auf 2 mit Backpapier belegte Bleche legen. Im vorgeheizten Backofen (E-Herd: 175 °C/Umluft: 150 °C/Gas: Stufe 2) ca. 8 Minuten backen. Auskühlen lassen.

3 1 Eiweiß, 1 TL Zitronensaft und Puderzucker dickcremig schlagen. ⅓ abnehmen. Übrigen Guss mit 1–2 EL Zitronensaft dünner rühren. 1–2 EL dicken Guss mit Speisefarbe hellblau färben. Dicken weißen und hellblauen Guss in je 1 Gefrierbeutel füllen, je eine kleine Ecke abschneiden. Hellblaue und weiße Konturen auf die Bären spritzen, etwas antrocknen lassen. Mit dünnem Guss ausmalen. Mit Perlen verzieren, blaue Nasen malen und trocknen lassen.

ZUBEREITUNGSZEIT ca. 1 Std.
KÜHLZEIT ca. 1 Std.
BACKZEIT PRO BLECH ca. 8 Min.
AUSKÜHLZEIT ca. 1 Std.

Gebackener Adventskalender

ZUTATEN FÜR 1 KALENDER

- 1 Backmischung (500 g) „Butter-Spritzgebäck“
- 150 g weiche Butter
- 2 Eier + 1 frisches Eiweiß (Gr. M)
- Mehl für die Arbeitsfläche
- 150 g Zartbitter-Kuvertüre
- 150 g Puderzucker
- 2 Packungen Schoko-Dekor „Alphabet & Ziffern“
- bunte Zuckerstreusel, kleine und große Liebesperlen, Lakritzkonfekt und Kokosraspel zum Verzieren
- Backpapier
- 24 lange Holzspieße
- evtl. 1 Einmal-Spritzbeutel oder kleiner Gefrierbeutel

1 Backmischung, Butter und 2 Eier erst mit den Knethaken des Handrührgerätes, dann kurz mit den Händen zum glatten Teig verkneten. Zugedeckt ca. 30 Minuten kalt stellen.

2 Teig auf wenig Mehl gut ½ cm dick ausrollen. Mit weihnachtlichen Ausstechförmchen 24 kleine und große Plätzchen (z. B. Sterne, Engel oder Tiere) ausstechen. Auf die rechte und linke Seite von 2 mit Backpapier ausgelegten Blechen legen. In jedes 1 Holzspieß stecken, sodass ein „Lolli“ entsteht.

3 Im vorgeheizten Backofen (E-Herd: 175 °C/Umluft: 150 °C/Gas: Stufe 2) 15–20 Minuten backen. Auskühlen.

4 Kuvertüre grob hacken. Unter Rühren im heißen Wasserbad schmelzen. Für den Guss Eiweiß und Puderzucker mit den Schneebesen des Handrührgerätes dickcremig schlagen.

5 Evtl. ⅓ Guss in einen Einmalspritzbeutel füllen. Die Plätzchen mit Kuvertüre oder dem übrigen Guss bestreichen. Schokozahlen daraufkleben oder die Spitze des Spritzbeutels abschneiden und Zahlen mit dem Guss aufspritzen. Alles mit Süßigkeiten etc. verzieren und gut trocknen lassen. Die Plätzchen in eine Schachtel oder Dose mit Steckmoos und Watte stecken.

ZUBEREITUNGSZEIT ca. 1½ Std.
KÜHLZEIT ca. 30 Min.
BACKZEIT PRO BLECH 15–20 Min.
TROCKENZEIT ca. 1 Std.
AUSKÜHLZEIT ca. 45 Min.

Plätzchen-Lichterkette

ZUTATEN FÜR 1 LICHTERKETTE

- 1 frisches Ei (Gr. M)
- 300 g + etwas Mehl
- 100 g Zucker
- 2 Päckchen Vanillin-Zucker
- Salz
- 150 g kalte Butter/Margarine
- 2 EL Zitronensaft
- 250 g Puderzucker
- einige Tropfen rote Speisefarbe
- 1 Packung (14 Stück) Waffelröllchen mit Schokolade
- 14 Mandelkerne (ohne Haut)
- bunte Zucker- und Liebesperlen zum Verzieren
- Backpapier
- 2 kleine Gefrierbeutel

1 Ei trennen, das Eiweiß kalt stellen. 300 g Mehl, Zucker, Vanillin-Zucker, 1 Prise Salz, Fett in kleinen Stückchen, Eigelb und 1 EL eiskaltes Wasser in eine Rührschüssel geben. Alles erst mit den Knethaken des Handrührgerätes und dann kurz mit den Händen zum glatten Teig verkneten. Wenn der Teig dann noch zu fest ist, 1–2 EL eiskaltes Wasser darunterkneten. Zugedeckt ca. 1 Stunde kalt stellen.

2 Teig auf etwas Mehl ca. ½ cm dick ausrollen. Insgesamt 14 Kreise, Blüten und Sterne (je ca. 6 cm Ø) und dann weitere Motive (z. B. Tannenbäume, Engel etc.) ausstechen. Alles auf 2 mit Backpapier ausgelegte Bleche legen. Im vorgeheizten Backofen (E-Herd: 175 °C/Umluft: 150 °C/Gas: Stufe 2) ca. 12 Minuten backen. Auskühlen lassen.

3 Eiweiß und Zitronensaft steif schlagen, dabei zum Schluss Puderzucker einrieseln lassen. 4 EL davon rot färben. Den roten und weißen Guss in je einen Gefrierbeutel füllen und unten eine kleine Ecke abschneiden. Evtl. mit etwas weißem Guss einige kleine auf größere Plätzchen kleben. Etwas weißen Guss jeweils in die Mitte der Plätzchen spritzen und 1 Waffelröllchen mit der Schokoseite daraufkleben.

4 Oben so viel weißen Guss daraufspritzen, dass er wie „Kerzenwachs" herunterläuft. Je 1 Mandel in die Mitte kleben. Als „Flamme" etwas roten Guss an die Mandeln spritzen. Die Kerzen und die übrigen Plätzchen mit Guss, Zucker- und Liebesperlen verzieren. Trocknen lassen. Zur Lichterkette aufstellen.

ZUBEREITUNGSZEIT ca. 1¼ Std.
KÜHLZEIT ca. 1 Std.
BACKZEIT PRO BLECH ca. 12 Min.
AUSKÜHLZEIT ca. 45 Min.

Nikolaus-Taler

ZUTATEN FÜR CA. 25 STÜCK

- 150 g + etwas Mehl
- 75 g Zucker
- Salz
- 75 g kalte Butter/Margarine
- 1 Ei + 1 frisches Eiweiß (Gr. M)
- 1–2 EL Zitronensaft
- 250 g Puderzucker
- rote Speisefarbe
- Frischhaltefolie
- Backpapier
- 2 kleine Gefrierbeutel

1 150 g Mehl, Zucker, 1 Prise Salz, Fett in Stückchen und 1 Ei erst mit den Knethaken des Handrührgerätes, dann kurz mit den Händen glatt verkneten. Auf wenig Mehl zur Rolle (ca. 4 cm Ø) formen und in Folie wickeln. Ca. 1 Stunde kalt stellen.

2 Rolle in ca. ½ cm dicke Scheiben schneiden, auf ein mit Backpapier ausgelegtes Backblech legen. Im vorgeheizten Backofen (E-Herd: 200 °C/Umluft: 175 °C/Gas: Stufe 3) ca. 10 Minuten backen. Auskühlen lassen.

3 1 Eiweiß, Zitronensaft und Puderzucker dickcremig schlagen. Die Hälfte Guss rot färben. Roten und weißen Guss in je 1 Gefrierbeutel füllen und 1 kleine Ecke abschneiden. Kekse damit verzieren. Trocknen lassen.

ZUBEREITUNGSZEIT ca. 1 Std.
KÜHLZEIT ca. 1 Std.
BACKZEIT ca. 10 Min.
AUSKÜHLZEIT ca. 45 Min.

Rudolph, das Rentier

ZUTATEN FÜR JE CA.
18 KLEINE & GROSSE RENTIERE

- 325 g + etwas Mehl
- 200 g kalte Butter
- 50 g gemahlene Haselnüsse
- 125 g + 100 g + etwas Puderzucker
- 1 leicht gehäufter TL Kakao
- 1 Ei (Gr. M)
- 1–2 EL Zitronensaft
- evtl. rote Zuckerperlen, braune und rote Zuckerschrift zum Verzieren
- Backpapier • 1 kleiner Gefrierbeutel

1 325 g Mehl, Butter in Stückchen, Nüsse, 125 g Puderzucker, Kakao und Ei erst mit den Knethaken des Handrührgerätes und dann kurz mit den Händen zum glatten Teig verkneten. Zugedeckt ca. 30 Minuten kalt stellen.

2 2 Backbleche mit Backpapier auslegen. Teig auf wenig Mehl ca. ½ cm dick ausrollen. Mit großen und kleinen Rentier-Ausstechformen (s. Tipp) Kekse ausstechen und auf die Bleche legen. Im vorgeheizten Backofen (E-Herd: 175 °C/ Umluft: 150 °C/Gas: Stufe 2) ca. 12 Minuten backen. Auskühlen lassen.

3 100 g Puderzucker und Saft zum glatten Guss verrühren. In den Gefrierbeutel füllen, eine kleine Ecke abschneiden und damit Nase, Mund, Augen, Geweih, Schwanz und Hufe aufspritzen.

4 Als Nasenspitzen rote Perlen in den Guss kleben. Die Tuben mit Zuckerschrift durchkneten, bis sie weich sind. Mit brauner Schrift Augen und mit der roten Halsbänder aufmalen. Trocknen lassen. Mit Puderzucker bestäuben.

ZUBEREITUNGSZEIT ca. 1 Std.
KÜHLZEIT ca. 30 Min.
BACKZEIT PRO BLECH ca. 12 Min.
AUSKÜHLZEIT ca. 1 Std.

Große Ausstechformen …

wie Rentier (s. Foto), Santa Claus, Schlitten und Zwerg können Sie im Set „Nordpol“ bei www.hunterhilsberg.com bestellen. Ausstecher für Elche oder Hirsche gibt's unter www.hobbybaecker.de und über www.tortissimo.de

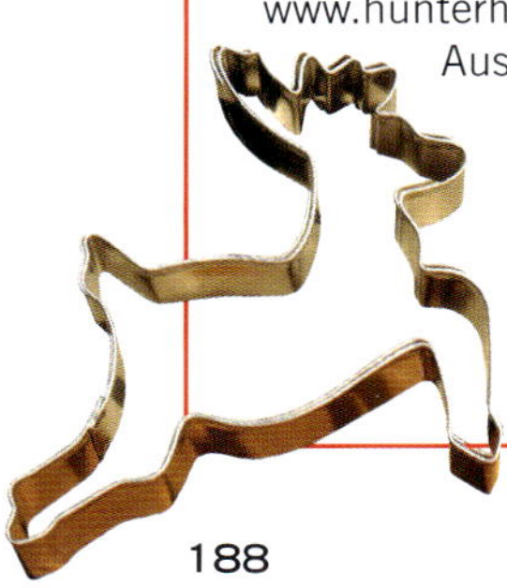

Süße Lebkuchen-Laternen

ZUTATEN FÜR 3 LATERNEN

- Fett und Mehl fürs Blech
- 150 g flüssiger Honig
- 100 g + 2 EL Zucker
- 3 frische Eier (Gr. M)
- 375 g + etwas Mehl
- 1 leicht gehäufter TL Kakao
- 1 gehäufter TL Backpulver
- 1½ TL Lebkuchen-Gewürz
- 6 Blatt rote Gelatine
- 400 g Puderzucker
- Gebäckschmuck und Mandelkerne zum Verzieren
- 1 Einweg-Spritzbeutel oder 1 mittelgroßer Gefrierbeutel

1 Backblech fetten, mit Mehl bestäuben. Honig, 100 g Zucker und 2 EL Wasser unter Rühren erwärmen, bis alles gelöst ist. 10 Minuten abkühlen. 2 Eier trennen. 2 Eigelb, 1 Ei und 2 EL Zucker cremig schlagen. Honig einrühren. 375 g Mehl, Kakao, Backpulver und Gewürz mischen. Erst mit den Knethaken des Handrührgerätes, dann kurz mit den Händen glatt darunterkneten.

2 Teig mit etwas Mehl bestäuben und auf dem Blech ausrollen. Im vorgeheizten Backofen (E-Herd: 175 °C/Umluft: 150 °C/Gas: Stufe 2) ca. 20 Minuten backen. Abkühlen und in 12 Rechtecke (à ca. 8 x 10 cm) schneiden. Aus der Mitte jedes Rechtecks 1 kleinen Stern oder Herz ausstechen. Auskühlen lassen.

3 Gelatine 1x in der Mitte durchschneiden. 2 Eiweiß und Puderzucker dickcremig schlagen. Guss in den Spritzbeutel geben, eine kleine Ecke abschneiden. Etwas Guss auf die Ränder der Gelatineblätter spritzen und von hinten vor die ausgestochenen Öffnungen kleben.

4 Guss auf die Längsseiten der Rechtecke spritzen und je 4 Rechtecke zur Laterne zusammenkleben. Ca. 1 Stunde trocknen lassen. Die Laternen und ausgestochenen Kekse mit dem übrigen Guss verzieren und dabei Gebäckschmuck, Mandeln und die Kekse auf die Laternen kleben. Trocknen lassen. In jede Laterne 1 Teelicht setzen.

ZUBEREITUNGSZEIT ca. 2 Std.
BACKZEIT ca. 20 Min.
AUSKÜHLZEIT ca. 1 Std
TROCKENZEIT ca. 3 Std.

Rezepte von A – Z